LA VIE SECRÈTE DE L'ENFANT
AVANT SA NAISSANCE

THOMAS VERNY
avec la collaboration de John Kelly

LA VIE SECRÈTE DE L'ENFANT AVANT SA NAISSANCE

traduit de l'américain
par Marie-France de Paloméra

BERNARD GRASSET
PARIS

L'édition originale de cet ouvrage a été publiée en 1981 par Summit Books, à New York, sous le titre :
The Secret Life of the Unborn Child.

© *1981, Thomas Verny et John Kelly.*
© *1982, pour la traduction française, éditions Grasset & Fasquelle.*

Avant-propos

L'idée de ce livre remonte à l'hiver 1975, alors que je passais le week-end chez des amis, à la campagne. La maîtresse de maison, Helen, était enceinte de sept mois et rayonnante. Je la trouvais souvent assise le soir, seule, près de la cheminée, en train de fredonner doucement une berceuse pleine de charme pour son enfant pas encore né. Elle s'intitulait « Pour Bébé-Bobbie », et commençait ainsi :

Je marcherai dans la pluie à côté de toi,
Je m'accrocherai à la chaleur de ta petite main,
Je ferai tout pour que tu comprennes
Que je t'aime plus que personne ne t'aimera
                                       [jamais.

Cette scène touchante me fit une forte impression ; aussi, lorsque après la naissance de son fils, Helen me dit que cette berceuse exerçait sur lui un effet magique, je fus intrigué. Le bébé pouvait hurler : dès qu'Helen commençait à la chanter, il se calmait. Je m'interrogeai : s'agissait-il d'un cas unique, ou bien une femme, par ce qu'elle fait, peut-être même par ce qu'elle pense ou éprouve, peut-elle influencer son enfant avant la naissance ?

Bien entendu, je savais que n'importe quelle future mère a l'impression, à un moment ou à un autre de sa grossesse, que l'enfant et elle-même réagissent chacun aux sentiments éprouvés par l'autre. Et comme beaucoup de psychiatres, j'avais entendu mes patients me raconter des rêves qui ne s'expliquaient qu'en fonction de ce qu'ils avaient vécu avant la naissance ou pendant celle-ci. Je me mis donc à écouter avec une attention particulière ce genre de souvenirs.

J'entrepris également de rechercher dans la littérature scientifique l'information qui m'aiderait à comprendre le psychisme du fœtus et du nouveau-né car j'étais désormais convaincu qu'il existait. Je fus encouragé par les travaux du Dr Lester Sontag; ils montraient, preuves à l'appui, que les attitudes et les sentiments de la mère pouvaient laisser une empreinte définitive sur la personnalité de l'enfant avant la naissance. Toutefois, ces études remontaient aux années 1930 et 1940. La plus grande partie des recherches récentes, et absolument passionnantes, qui me tombaient sous les yeux se rattachaient aux domaines voisins de la neurologie et de la physiologie. Utilisant une nouvelle technologie médicale qui devint accessible à la fin des années 1960 et au début des années 1970, des chercheurs appartenant à plusieurs disciplines, y compris celle qui m'intéressait, réussirent enfin à étudier l'enfant, sans le perturber, dans son habitat naturel. Leurs découvertes conjuguées traçaient une image de la vie fœtale qui bouleversait toutes les hypothèses sur lesquelles on avait travaillé jusque-là. C'est en partie grâce à eux que je peux présenter ici un portrait essentiellement nouveau de l'enfant avant la naissance, très différent de la créature passive et stupide décrite jusque-là dans les traités de pédiatrie.

Nous savons aujourd'hui que l'enfant, avant sa naissance, est un être humain conscient et capable de réactions, qui dès le sixième mois de gestation (plus tôt peut-être) a une vie affective active. Parallèlement à cette découverte pour le moins étonnante, nous avons constaté plusieurs points :

– Le fœtus peut voir, entendre, toucher, goûter et même, à un niveau très primitif, apprendre *in utero* (c'est-à-dire dans l'utérus, avant la naissance). Plus important, il est capable de *sentiments*, moins élaborés que ceux de l'adulte, bien sûr, mais très réels.

– Cette constatation s'accompagne de son corollaire : les perceptions et les sentiments de l'enfant commencent à modeler son comportement ainsi que ses attentes. La façon dont il se percevra, donc agira, en individu heureux ou triste, agressif ou timoré, sécurisé ou anxieux, dépend en partie des messages qu'il reçoit à son propre sujet dans l'utérus.

La principale source de ces messages, à partir desquels se forme la personnalité, est la mère. *Ce qui ne veut pas dire que les moindres soucis, doutes ou anxiétés de la mère se répercutent sur son enfant.* Ce qui compte ici, ce sont les schémas affectifs profonds et durables. L'anxiété chronique ou une ambivalence perturbante des pensées et des sentiments à l'égard de la maternité peuvent laisser une cicatrice profonde sur la personnalité de l'enfant. En revanche, des émotions riches et positives comme la joie, l'allégresse et l'attente peuvent contribuer d'une façon importante au développement affectif d'un enfant sain.

– La recherche actuelle commence aussi à s'attacher, beaucoup plus qu'elle ne le faisait par le passé, aux sentiments du père. Jusqu'à une époque récente, on ne tenait aucun compte de ses émotions. Les dernières études en date montrent ce qu'une telle attitude a de dangereux et d'erroné. Elles font apparaître que les sentiments éprouvés par un homme à l'égard de sa femme et de l'enfant qu'elle porte sont un des facteurs essentiels déterminant la réussite d'une grossesse.

Ce livre représente six années de travail intensif, de réflexion, de recherches et de voyages. Afin de réunir les matériaux nécessaires, je me suis rendu à Londres, à Paris, à Berlin, à Nice, à Rome, à Bâle, à Salzbourg, à Vienne, à New York, à Boston, à San Francisco, à La Nouvelle-Orléans et à Honolulu, où j'ai pu m'entretenir et échanger des idées avec les plus éminents psychiatres, psychologues, physiologistes, obstétriciens et pédiatres. J'ai aussi conduit personnellement plusieurs projets de recherche, dont deux figurent ici, et soigné des centaines de patients souffrant des séquelles de grossesses ou d'accouchements traumatisants.

L'enfant avant la naissance que vous allez découvrir dans ces pages est radicalement différent de celui qui est décrit dans la presse médicale ou non spécialisée. C'est pourquoi il m'a paru essentiel, pour la crédibilité des idées que j'avance, d'apporter à celles-ci les garanties de la recherche et de la preuve scientifique les plus rigoureuses. Ces études constituent par elles-mêmes une lecture aussi vivante que passionnante. Certaines traitent, par la force des choses, des émotions négatives de la mère et de leurs effets, une grande partie de ce que nous avons appris provenant précisément de l'analyse de ces effets. Comme il arrive souvent en médecine, nous apprenons comment et pourquoi les choses vont bien en comprenant d'abord comment et pourquoi elles vont mal.

Les cliniciens qui ont fait ces découvertes se sont, en général, plutôt intéressés à l'aspect théorique de leurs travaux qu'à leurs applications pratiques. Or il saute aux yeux que ces découvertes ont une portée incalculable en ce qui concerne la fonction parentale. Munis de ces nouvelles données, les mères et les pères disposent d'une occasion sans égale de participer à la formation de la personnalité de leur enfant avant la naissance. Ils peuvent contribuer activement à son bonheur et à son bien-être, et pas seulement in utero ni dans les années qui suivent immédiatement la naissance, mais *pour le reste de sa vie*. C'est la prise de conscience de cette possibilité qui a directement conduit au livre que vous tenez entre vos mains.

Chapitre premier

LA VIE MYSTÉRIEUSE DE L'ENFANT AVANT LA NAISSANCE

Ce livre pose bien des questions – à propos de l'origine de la conscience humaine, de la croissance et du développement de l'enfant avant la naissance et du nouveau-né –, et particulièrement : comment l'esprit humain se forme-t-il, comment devenons-nous ce que nous sommes ? Il part d'un fait maintenant établi : l'enfant, avant la naissance, est un être doté de *sentiments*, de *souvenirs* et de *conscience*. Et parce qu'il l'est, tout ce qui lui arrive – tout ce qui nous arrive – dans les neuf mois séparant le moment de la conception de celui de la naissance joue un rôle capital dans la formation et la structuration de la personnalité, des pulsions et des ambitions.

Cette découverte, ainsi que toutes les recherches remarquables dont elle a été le point de départ, nous entraînent très au-delà de tout ce que nous connaissons ou croyons connaître sur le développement affectif de l'enfant avant la naissance. Et si cette nouvelle approche ouvre des perspectives scientifiques du plus haut intérêt (entre autres, elle supplante définitivement la vieille théorie freudienne selon laquelle la personnalité ne commence à se former que vers deux ou trois ans), plus passionnantes encore sont la richesse et la profondeur qu'elle apporte à la signification et à la dimension du rôle parental, en particulier maternel. Car l'intérêt suscité par ce nouveau savoir tient à tout ce qu'il nous révèle de la femme enceinte et de son rôle dans l'élaboration et l'orientation avant la naissance de la personnalité de son enfant. Elle y travaille avec ses pensées et ses sentiments, et c'est avec eux qu'elle a la possibilité de créer un être humain moins démuni qu'on ne le croyait jusqu'à maintenant.

Je ne prétendrai pas que tout ce qui arrive à la mère au cours de ces mois essentiels détermine de façon définitive l'avenir de son enfant. Ses pensées et ses sentiments sont un élément parmi d'autres, mais ce qui en fait le caractère unique, c'est que, à la différence de l'héritage génétique, ils peuvent être contrôlés. *La mère, si elle le désire, peut en faire une force positive.* Mais, je le répète, cela ne signifie en aucun cas que le bonheur futur de l'enfant soit lié à la capacité qu'aura sa mère d'avoir des idées roses vingt-quatre heures sur vingt-quatre. Les doutes, les ambivalences et les anxiétés occasionnels sont des composantes normales et saines de la grossesse et contribuent même, comme nous le verrons plus loin, au développement de l'enfant avant la naissance. Simplement, une femme enceinte ou envisageant de l'être dispose aujourd'hui de moyens qui lui permettent d'exercer une influence positive sur le développement affectif de son enfant.

Bien que j'aie parlé de « découverte sensationnelle » pour qualifier cette prise de conscience, elle est en fait le résultat logique d'autres observations récentes. A la fin des années 1960, par exemple, nous avons découvert qu'il se formait entre la mère et l'enfant, immédiatement après la naissance, un lien que nous avons appelé l'« attachement ». Nos propres travaux constituent, par de nombreux aspects, le prolongement normal de cette découverte antérieure ; simplement, ils déplacent d'un cran en arrière la mise en place de ce lien en situant celle-ci dans la période intra-utérine. C'est également vrai au plan médical. Compte tenu de tout ce que nous avons appris au cours de ces dernières années à propos des répercussions qu'auront sur le fœtus l'alimentation de la mère, sa consommation d'alcool ou l'utilisation de certains médicaments, à propos également du rôle que jouent les émotions dans la santé et la maladie, nous pouvons déduire que les pensées et les sentiments de la mère sont à même d'exercer une action bénéfique sur l'enfant qu'elle porte.

De même est-il logique que nos nouvelles connaissances mettent en valeur le rôle du père au cours de la grossesse. Sa relation avec un homme aimant et sensible apporte à la femme un soutien affectif continu pendant ces mois essentiels. Et si, dans notre ignorance, nous avons perturbé ce système délicat en écartant brutalement l'élément masculin, maintenant que nous avons découvert, ou plus exactement redécouvert, l'importance pour la mère et pour l'enfant d'une relation affectivement riche et sécurisante, l'homme peut enfin réintégrer la place qui lui revient de droit dans la grossesse.

Ces idées nouvelles sont directement issues des laboratoires (allemands, américains, anglais, autrichiens, canadiens, français, néo-zélandais, suédois et suisses) où, pendant ces vingt dernières années, les chercheurs ont travaillé sans bruit à mettre au point une image radicalement neuve du fœtus, de la naissance et des premières étapes de la vie.

Cet ouvrage est le premier qui tente de faire

connaître à un vaste public leurs travaux révolutionnaires. Et parce qu'il est le premier, certains points que nous présenterons seront encore, par la force des choses, au stade de l'hypothèse. Mais je m'efforcerai toujours de marquer clairement la distinction entre ce dont nous sommes certains et ce que nous croyons savoir. Par ailleurs, plusieurs affirmations ne manqueront pas de susciter des controverses. C'est inévitable et je ne m'attends pas que tout le monde soit d'accord avec moi sur tous les points.

Je suis sûr, en revanche, que ce livre et, plus encore, ce champ d'investigation permettent tous les espoirs : aux médecins, parce qu'ils pourront éviter tant d'occasions manquées pendant la grossesse et à la naissance ; aux mères et aux pères, parce que leur fonction de parents s'en trouvera approfondie et enrichie ; enfin et surtout à l'enfant qui doit naître. Car c'est lui le principal bénéficiaire de ce nouveau savoir. Bien différent, beaucoup plus conscient, attentif et aimant qu'on ne l'a jamais imaginé, il mérite – il a besoin – qu'on le traite avec plus de sensibilité et de chaleur affective, de tendresse, d'*humanité*, dans l'utérus de sa mère comme à la naissance, qu'on ne l'a fait jusqu'ici. Ce fut la grande intuition de l'obstétricien français Frédérick Leboyer, l'auteur de *Pour une naissance sans violence*, et la raison qui l'a conduit à réclamer avec tant de force et de persuasion des méthodes d'accouchement plus douces. Nos nouvelles connaissances cliniques n'ont fait que confirmer ses hypothèses.

Quand il naît dans un environnement chaleureux, rassurant, humain, l'enfant est beaucoup plus conscient de la façon dont il vient au monde. Et c'est là toute la différence. Il perçoit la gentillesse, la douceur, le contact aimant, et il y réagit, de la même façon qu'il perçoit, quoique très différemment, la lumière vive, les bruiteurs des médecins et l'atmosphère froide et impersonnelle si souvent et inutilement associés à la naissance en milieu hospitalier, et y réagit aussi.

Ce nouveau savoir et la révolution qu'il représente vont cependant plus loin que Leboyer et que toutes les idées acceptées sur la maternité; ils nous donnent accès au psychisme de l'enfant avant sa naissance. Celui-ci est en effet conscient, même si cette conscience n'a pas la profondeur et la complexité de celle de l'adulte. Il est incapable de comprendre tout ce qu'un adulte peut inclure dans un mot ou un geste; mais, comme le montrent des études récentes (dont nous parlerons plus en détail au prochain chapitre), il réagit à des nuances affectives extrêmement ténues. Il peut percevoir non seulement des émotions indifférenciées comme l'amour et la haine, mais aussi des états affectifs plus subtils et plus complexes, comme l'ambivalence et l'ambiguïté; et y réagir.

A quel moment exactement les cellules cérébrales acquièrent-elles cette faculté, nous l'ignorons encore. D'après un groupe de chercheurs, il existe un semblant de conscient dès les premiers instants de la conception. Ils en donnent pour preuve les milliers de femmes en parfaite santé qui avortent spontanément et de façon répétée. On a émis l'hypothèse que dès les premières semaines – peut-être même les premières heures – qui suivent la conception, l'ovule fécondé possède un degré de conscience suffisant pour percevoir un éventuel rejet et agir en conséquence. Cette hypothèse et les preuves sur lesquelles elle se fonde seront examinées en détail un peu plus loin. Pour l'instant, si intéressante qu'elle soit, elle demande encore à être prouvée.

Nos connaissances actuelles, confirmées par les recherches en physiologie, neurologie, biochimie et psychologie, concernent l'enfant après le sixième mois de sa conception. A tout point de vue ou presque il est, à ce stade de son existence, un être humain fascinant. Il se montre déjà capable d'avoir des souvenirs, d'entendre et d'apprendre. Car le fœtus apprend avec une rapidité surprenante, comme l'ont prouvé un groupe de chercheurs dans une étude appelée à devenir un classique du genre.

Ils ont appris à six enfants in utero à réagir par des coups de pied à une vibration. En temps normal, le fœtus demeure insensible à une stimulation aussi légère. Et même, il l'ignore. Mais dans le cas qui nous occupe, les chercheurs ont réussi à créer chez leurs jeunes sujets ce que les psychologues du comportement appellent un réflexe conditionné. L'expérience consiste à exposer à plusieurs reprises le fœtus à une stimulation qui le fait naturellement réagir, tel qu'un signal sonore émis à un mètre environ de la mère, sa réaction étant enregistrée par un dispositif fixé à l'abdomen maternel. On envoie ensuite une vibration. Chaque enfant la reçoit immédiatement après le signal. Les chercheurs estimaient qu'après un nombre suffisant de stimulations, l'association entre la vibration et le mouvement deviendrait tellement automatique dans l'esprit de l'enfant qu'il bougerait même quand la vibration ne serait précédée d'aucun signal. Ils ne se trompaient pas. La vibration, seule, suffit pour déclencher un comportement appris, en l'occurrence le mouvement de l'enfant.

Tout en donnant une idée assez exacte de ce dont est capable l'enfant avant la naissance, cette étude va plus loin. Elle montre comment ces connaissances peuvent réellement modifier l'intérêt que nous portons au fœtus. Si des chercheurs ont pu lui enseigner quelque chose, à plus forte raison la mère en est-elle également capable. La plupart des formes d'apprentissage excèdent les possibilités de l'enfant avant la naissance. Il peut néanmoins apprendre beaucoup de choses importantes, la musique par exemple. A quatre ou cinq mois, le fœtus réagit nettement aux sons et aux mélodies, et qui plus est en manifestant ses goûts. Mettez un disque de Vivaldi, et le bébé le plus remuant se calme, essayez Beethoven, et l'enfant le plus tranquille commence à bouger et à donner des coups de pied. Ce qui indique, pour le moins, qu'une femme enceinte qui écoute chaque jour, pendant quelques minutes, une musique apaisante peut aider son enfant à se sentir plus calme et plus détendu. En mettant les choses au mieux, cette rencontre avec les sons serait à même d'installer en lui un goût permanent pour la musique. Ce fut le cas pour Boris Brott, chef d'orchestre du Hamilton Philharmonic Symphony, dans l'Ontario.

Un soir, il y a quelques années de cela, j'écoutais une interview de Brott à la radio. C'est un personnage pittoresque, doué d'un réel talent de conteur. Ce soir-là, on lui posait des questions sur l'opéra ; comme l'entretien touchait à sa fin, celui qui l'interviewait lui demanda comment lui était venu son amour pour la musique. C'était une question assez élémentaire, posée surtout pour tuer le temps, mais qui fit réfléchir Brott. Il hésita un moment, puis : « Vous savez, déclara-t-il, cela va sans doute vous paraître bizarre, mais la musique faisait partie de moi avant ma naissance. » Intrigué, son interlocuteur lui demanda de s'expliquer.

« Eh bien, commença Brott, quand j'étais jeune, je me demandais pourquoi je devais me passer de partition pour certains morceaux de musique. Je dirigeais une œuvre pour la première fois et, soudain, la partition de violoncelle me venait automatiquement. Je connaissais la mélodie avant même d'avoir tourné la page. Un jour, j'en ai parlé à ma mère, qui est violoncelliste. Je pensais que cela l'intriguerait car c'était toujours la partition de violoncelle qui me venait à l'esprit avec autant de précision. Elle fut étonnée, en effet, jusqu'au moment où elle apprit de quels morceaux il s'agissait. Le mystère fut vite éclairci : les œuvres que je savais par cœur étaient celles qu'elle interprétait quand elle m'attendait. »

L'histoire de Brott n'a rien d'inédit. Il y a quelques années, j'ai eu connaissance, à l'occasion d'une conférence, d'un autre exemple d'apprentissage intra-utérin tout aussi étonnant. Il m'a été fourni par une jeune Américaine qui vivait à Toronto à l'époque de sa grossesse. Elle découvrit un jour sa fille âgée de deux ans assise par terre dans le salon, en train de chantonner : « Respirez, soufflez, respirez, soufflez. » La mère reconnut immédiatement les mots : c'était la préparation Lamaze à l'accouchement psychoprophylactique. Mais où sa fille les avait-elle appris ? Sa première idée fut que l'enfant les avait entendus à la télévision, mais elle se rendit compte aussitôt que c'était impossible. Elle habitait maintenant Oklahoma City et sa fille ne pouvait voir et entendre que la version américaine de ces exercices, or ces mots appartenaient à la version canadienne qu'elle avait suivie. Une seule explication était possible : sa fille avait capté et mémorisé* ces mots avant sa naissance.

---

* Un des problèmes présentés par un livre traitant de l'enfant avant la naissance est que l'on est obligé d'utiliser un vocabulaire conçu pour

Il n'y a pas si longtemps, un témoignage comme celui-là ou l'histoire racontée par Brott aurait à peine fait l'objet d'une note dans une communication médicale. Mais ces récits ont fini par recevoir de la part des scientifiques l'attention qu'ils méritaient grâce à l'apparition d'une discipline aussi nouvelle que passionnante, la psychologie prénatale. Principalement étudiée en Europe et recrutant ceux qui la pratiquent parmi les obstétriciens, les psychiatres et les psychologues cliniciens, cette discipline est unique en son genre, non seulement en raison de la nature inhabituelle de son terrain, mais aussi des orientations essentiellement pratiques de sa recherche. Ces psychologues sont convaincus que leurs travaux permettront un jour d'exercer une influence particulièrement bénéfique sur le développement du psychisme du fœtus. Bien que ce jour paraisse encore assez lointain, nous possédons déjà suffisamment d'informations sur les processus mentaux et sur les émotions du fœtus pour aider à sauver des milliers de jeunes enfants de désordres affectifs qui les handicaperaient leur vie durant.

Je dis « nous » car c'est la perspective de pouvoir prévenir de telles tragédies qui m'a conduit à la psychologie prénatale. Au fil des ans, dans les hôpitaux où j'ai enseigné et pratiqué, j'ai vu des dizaines d'individus profondément marqués par des influences qui avaient joué avant la naissance, des patients dont les souffrances ne s'expliquaient qu'en fonction de ce qui leur était arrivé pendant leur vie intra-utérine ou au moment de l'accouchement. Et je

décrire les processus ou les états mentaux de l'adulte. Il est évident que le fœtus ne « mémorise » pas activement comme nous le faisons. Mais, nous le verrons plus loin, les premières traces de mémoire commencent à se former très tôt dans son cerveau.

ne suis pas seul à en avoir rencontré; beaucoup de mes confrères ont eu à traiter de cas analogues. La psychologie prénatale est d'abord un moyen, me semble-t-il, d'empêcher l'apparition de ces tragédies. De plus, elle nous donne la possibilité d'améliorer matériellement les chances offertes à toute une génération d'entrer dans la vie sans avoir à supporter le poids des désordres affectifs et mentaux dont ont souffert leur aînés.

Cela ne signifie pas pour autant que nous disposions là d'une panacée capable de supprimer comme par magie tous nos maux. Ni que toutes les perturbations affectives normales trouvent leur origine dans la période intra-utérine. La vie n'est pas statique. Certes, ce qui nous arrive à vingt ans, à trente ans, ou même à soixante ans, agit sur nous et nous modifie. *Mais il est important de montrer que les événements ont sur nous un retentissement différent dans les premiers stades de la vie.* Un adulte, et à un degré moindre, un enfant, a toujours le temps d'élaborer des défenses et des réactions. Il peut adoucir les effets de ce qu'il éprouve, ce dont est incapable le fœtus. Rien ne vient atténuer ou détourner l'impact de l'expérience. C'est pourquoi les émotions de la mère se gravent si profondément dans son psychisme et que leurs suites continuent à se faire sentir avec tant de puissance plus tard dans la vie. Les grandes caractéristiques de la personnalité changent rarement. Si le psychisme de l'enfant est marqué par l'optimisme avant la naissance, il devra être en butte à bien des adversités dans la vie pour que cette caractéristique s'efface. Cet enfant sera-t-il un artiste ou un technicien, préférera-t-il Rembrandt à Cézanne, sera-t-il droitier ou gaucher? Dans l'état actuel de nos connaissances, nous ignorons encore ces détails délicats et, franchement, je ne crois pas qu'il faille le regretter. Si nous pouvions prédire avec une précision absolue tous les traits spécifiques de la personnalité, la vie perdrait beaucoup de son mystère.

Mais là où nos connaissances peuvent, à juste titre, marquer une différence, c'est en nous aidant à déceler de graves problèmes de la personnalité afin de les empêcher de prendre racine et de s'amplifier. En général, les femmes savent qu'en protégeant leur vie émotionnelle, elles protègent automatiquement l'enfant qu'elles portent. Nous, chercheurs scientifiques, avons confirmé à coups de graphiques et d'études cette sagesse profonde, mais nous sommes aussi allés plus loin. Je crois que le fait que nous soyons capables d'identifier in utero un comportement perturbé et inquiétant peut entraîner des conséquences énormes pour des milliers d'enfants qui ne sont pas encore nés, pour leurs parents et, en dernière analyse, pour la société. Nous avons déjà commencé à tirer parti de cette capacité, en obtenant souvent des résultats surprenants comme le montre une étude récente, mais nous n'en sommes encore qu'au début.

Les chercheurs partaient de l'hypothèse que l'activité déployée par le fœtus traduit un état d'anxiété. S'il faut voir dans le comportement de l'enfant in utero un avertissement, pensaient-ils, le fœtus le plus remuant deviendra un jour un enfant particulièrement anxieux. C'est exactement ce qu'ils constatèrent. Les bébés les plus actifs in utero se révélèrent par la suite des enfants extrêmement inquiets. Ils n'étaient pas seulement un peu plus agités que la normale : ils éclataient, ils bouillaient d'anxiété. Ces enfants, à l'âge de deux ou trois ans, manifestaient un inconfort désolant dans presque toutes les situations sociales.

Ils fuyaient leurs éducateurs et leurs camarades de classe, ils refusaient l'amitié et les contacts humains. Ce n'est qu'une fois seuls qu'ils se sentaient vraiment à l'aise, détendus et moins inquiets.

Bien sûr, il est impossible de dire avec certitude comment ils se comporteront plus tard dans la vie. Un mariage réussi, une carrière particulièrement satisfaisante, une vie de famille avec des enfants, une thérapie, bref quelqu'un ou quelque chose finiront bien par contrebalancer ces anxiétés. Mais on peut affirmer sans craindre de se tromper que ces enfants terrifiés continueront, encore à trente ans, à se réfugier dans le premier trou de souris venu afin d'éviter les rencontres. La seule différence est qu'au lieu de fuir leurs professeurs et leurs camarades, ils fuiront leurs maris, leurs femmes ou leurs propres enfants.

Or ce n'est pas inévitable. Si un plus grand nombre de femmes enceintes commençaient à penser à l'enfant qu'elles attendent, ce serait déjà un pas en avant d'une portée colossale. Voilà, direz-vous, une vérité de La Palice. Une étude réalisée il y a quelques années vous prouvera que non.

Les chercheurs voulaient savoir dans quelle mesure une femme enceinte pensait à son futur nouveau-né. Ils découvrirent que sur plus des cinq cents femmes qui constituaient l'échantillon de l'étude, presque un tiers pensaient pratiquement à tout sauf à lui. Elles pensaient à leur mari, à leur travail, à leurs voitures ou à leurs vêtements, aux courses qu'elles voulaient faire, au film qu'elles souhaitaient voir pendant le week-end; presque jamais à l'enfant qu'elles portaient.

Il est difficile de dire avec précision si ces enfants souffriront plus tard d'un taux particulièrement élevé de troubles émotionnels, et d'ailleurs ce n'était pas l'objet de cette étude. Mais si nous pouvons nous fier – comme j'en suis certain – à ce que nous avons appris au cours de ces dix dernières années, c'est très probable. Et ces perturbations étaient si faciles à éviter! Il suffisait de dire aux mères ce que je viens d'expliquer. Imaginez un peu ce que vous ressentiriez si on vous enfermait seul dans une pièce pendant six, sept ou huit mois sans aucune stimulation intellectuelle ni émotionnelle – ce qui est en gros la situation du fœtus qu'on ignore. Il est évident que ses besoins intellectuels et affectifs sont beaucoup plus primitifs que les nôtres. Mais ce qu'il faut retenir, c'est que ces besoins existent. Comme nous, et peut-être davantage, il a un besoin urgent de se sentir aimé et désiré. Il a besoin qu'on lui parle, qu'on pense à lui, sinon son psychisme et, souvent aussi, son corps commencent à dépérir.

Des études réalisées sur des femmes enceintes schizophrènes et psychotiques témoignent avec éloquence des effets dévastateurs provoqués par l'abandon in utero. Dans les cas cités, les femmes étaient tout simplement incapables de s'intéresser à leur enfant. La maladie mentale interdit toute communication véritable entre la mère et l'enfant. Mais ce silence, ou ce chaos, laisse souvent des traces profondes chez les nourrissons. Ils ont tendance à présenter à la naissance bien plus de problèmes physiques et affectifs que les bébés de femmes mentalement saines *.

---

* Il y aura toujours des gens qui voudront expliquer par une cause physique les troubles de l'affectivité. Or les milliers d'études réalisées sur des sujets schizophrènes et maniaco-dépressifs n'ont jamais décelé dans leur système sanguin la moindre substance chimique capable de

Dans les chapitres suivants, nous examinerons les mécanismes de cette communication. Contentons-nous pour l'instant de dire que cette communication existe *et que nous pouvons agir sur elle.* A un niveau ou à un autre, la mère et l'enfant sont – ou du moins devraient être – en contact permanent. Nous pouvons même mesurer la qualité de cette communication et son caractère direct. D'une façon générale, le type d'enfant que porte une femme constitue une indication parfaitement fiable de la qualité de cette communication mère-enfant, ainsi que de sa spécificité. Si les communications sont fréquentes, riches et, surtout, satisfaisantes au plan affectif, l'enfant a toutes les chances d'être robuste, en bonne santé et heureux.

C'est là une relation importante. Et puisque les chercheurs qui ont étudié la mise en place de cette relation immédiatement après la naissance en reconnaissent les effets extrêmement bénéfiques pour la mère comme pour l'enfant, on peut raisonnablement penser que sa formation avant la naissance aurait exactement les mêmes résultats. Je dirais même que ces résultats seraient bien plus satisfaisants. La vie, y compris celle des premières minutes et des premières heures, offre une infinité de diversions sensorielles, visuelles, auditives et olfactives. Au cours des neuf mois précédant la naissance, l'enfant a vécu dans un univers beaucoup plus cohérent, en complète dépendance avec sa mère, avec tout ce qu'elle a dit, senti, pensé et espéré.

Comment l'enfant ne serait-il pas profondément influencé par sa mère? Même un phénomène aussi

---

reproduire dans un autre milieu leurs symptômes. Je crois donc qu'il convient de retenir l'hypothèse psychologique présentée ici.

banal et neutre à première vue que les battements de son cœur ont un retentissement sur lui. Il est évident que ce bruit constitue un élément essentiel en soi et indispensable à sa vie. L'enfant l'ignore, bien sûr ; il sait seulement que ce rythme rassurant est une des grandes constellations de son univers. Ce bruit scande son sommeil, son réveil, ses mouvements, ses périodes de repos. Et comme l'esprit humain, même encore in utero, est une entité génératrice de symboles, le fœtus y attache progressivement une valeur symbolique. Ce battement sourd et régulier en vient à signifier pour lui le calme, la sécurité et l'amour. C'est en cette compagnie que, habituellement, il se développe et s'épanouit.

La preuve en a été apportée il y a quelques années, par une étude aussi remarquable qu'ingénieuse. Elle consistait, très simplement, à diffuser une bande sonore des battements du cœur humain dans une nursery pleine de nouveau-nés. Les chercheurs pensaient que si les battements du cœur maternel avaient une signification, les nouveau-nés présents dans la nursery le jour où l'on passerait la bande auraient un comportement différent de celui des nouveau-nés présents les autres jours. C'est en effet ce qu'on put observer.

Toutefois, l'expérience fut encore plus concluante qu'on ne s'y attendait. Les chercheurs, certains d'obtenir des résultats légèrement différents de ceux qu'envisageait l'expérience, furent stupéfaits par l'ampleur et la quantité des informations recueillies. Les nourrissons plongés dans cette ambiance sonore firent mieux, beaucoup mieux que les autres, et cela sur tous les plans : ils mangèrent plus, grossirent plus, dormirent plus longtemps, respirèrent mieux, pleurèrent moins et furent moins souvent malades.

Ils ne recevaient aucun traitement de faveur, leurs parents n'étaient pas supérieurs à la moyenne, ni leurs médecins plus intelligents; simplement, ils avaient entendu une cassette – coût : dix dollars tout au plus – reproduisant les battements du cœur.

Certes, la future mère ne contrôle pas les battements de son cœur; ceux-ci jouent en quelque sorte le rôle d'un pilote automatique. Mais elle peut apprendre à déchiffrer ses émotions et à les négocier de façon à en tirer le meilleur parti. C'est vital pour le bien-être de son enfant dont le psychisme est essentiellement modelé par les pensées et les sentiments maternels. Ce psychisme évoluera en quelque chose de dur, d'anguleux et de dangereux, ou de doux, de coulant et de largement ouvert selon que les émotions de la mère auront été positives et encourageantes, ou au contraire négatives et marquées par l'ambivalence.

N'allez pas en déduire que toutes les hésitations et incertitudes passagères vont perturber votre enfant. Ce sont des sentiments naturels et inoffensifs. Je veux parler ici d'un schéma de comportement bien précis et durable. Une naissance physiquement difficile, avec les tensions émotionnelles qui l'accompagnent, ne modifiera pas grand-chose. L'important, c'est ce que vous voulez, ce que vous sentez et ce que vous communiquez au fœtus.

L'idée qu'en permanence la mère aura de son enfant – ses pensées et ses sentiments à son sujet – déterminera l'image que celui-ci se forgera peu à peu de lui-même. Personne, même pas la mère, ne crée seul cette image du moi. Elle est la somme de tous les messages verbaux et non verbaux que l'individu reçoit de ceux qu'il rencontre tout au long de la vie : professeurs, amis, patrons, amants, adversaires. Mais une fois que nos capacités affectives et nos pulsions fondamentales sont en place, il devient de plus en plus difficile (quoique *pas* impossible) de les amplifier et de les approfondir. Nous connaissons tous des gens qui, malgré des difficultés de départ, sont heureux et réussissent. Il n'en demeure pas moins que les premières expériences jouent un rôle déterminant dans l'élaboration de la personnalité.

Voilà pourquoi l'idée que se fait une mère de l'enfant qu'elle porte change tout. Ses pensées, son amour pour cet enfant pas encore né, ou son rejet, ou encore son ambivalence déterminent la profondeur, l'ampleur et le champ des capacités émotionnelles de celui-ci. La mère commence, à la lettre, à modeler la vie affective de son enfant. Elle ne crée pas des traits particuliers, comme l'extraversion, l'optimisme ou l'agressivité qui sont, pour une grande part, des mots adultes, porteurs d'une signification adulte, trop spécifiques, trop sophistiqués pour être appliqués au psychisme d'un fœtus de six mois.

Ce qui est en train de se former, ce sont des tendances plus ou moins enracinées, par exemple un sentiment de sécurité ou de respect de soi. A partir de ces strates profondes évolueront plus tard les traits de caractère, comme chez ces enfants que j'évoquais plus haut. Ils ne sont pas nés timides, ils sont nés *anxieux*. Et cette anxiété peut engendrer une timidité pénible à supporter.

Prenons l'exemple plus réconfortant de la sécurité. Une personne sécurisée possède une confiance en elle profondément enracinée. Elle sait que tout marchera bien. Elle le sait avec la merveilleuse certitude de quelqu'un à qui l'on a dit depuis la première étincelle de conscience, et à qui on n'a cessé de le répéter, qu'elle est voulue et aimée. De ce sentiment découlent tout naturellement des traits de caractère précis, tels que l'optimisme, la confiance, l'ouverture aux autres et l'extraversion.

Autant de dons précieux pour un enfant, et qu'il est si facile de lui apporter. En créant un environnement affectivement riche in utero, la mère peut exercer une influence décisive sur tout ce que son enfant ressent, espère, rêve, pense et accomplit au cours de son existence. Ce pouvoir, c'est elle qui le détient. Elle, et le père.

Pendant ces mois décisifs, la femme est l'ouverture de son enfant sur le monde. Tout ce qui la touche le touche également. Et rien n'affecte aussi profondément la mère ou ne l'atteint avec une telle intensité douloureuse que les questions qu'elle se pose sur son mari ou son compagnon. C'est pourquoi peu de facteurs sont aussi dangereux pour un enfant, au plan physique comme au plan affectif, qu'un père qui brutalise ou néglige la mère. Tous ceux qui se sont penchés sur le rôle du futur père – malheureusement, ils sont rares – ont constaté que son soutien est absolument essentiel au bien-être de sa femme, et par conséquent à celui de leur enfant.

Ainsi, l'homme constitue un élément important de l'équation prénatale. Un facteur indispensable au bien-être émotionnel de l'enfant est l'attitude du père vis-à-vis du couple que celui-ci forme avec sa femme ou sa compagne. Un nombre considérable d'éléments entrent en jeu et déterminent la qualité de son engagement, depuis les sentiments qu'il éprouve pour sa femme ou pour son père, jusqu'aux tensions qu'il subit dans son travail ou son propre sentiment d'insécurité. (L'idéal est, bien sûr, de régler tous ces problèmes avant la conception plutôt que pendant la grossesse.) Mais des études récentes ont montré qu'en ce qui concerne l'homme, la période déterminante – pour le meilleur et pour le pire – est la formation de l'attachement avec l'enfant et en particulier le moment où le processus est amorcé, quand il l'est.

Pour des raisons d'ordre physiologique évidentes, l'homme part avec un léger handicap. L'enfant ne fait pas organiquement partie de lui. Mais tous les obstacles physiques de la grossesse ne sont pas insurmontables. Prenons un exemple très simple : l'enfant entend la voix de son père in utero et tout semble indiquer que cette voix joue un rôle affectif considérable pour lui. Des expériences ont montré que si un père parle à son enfant encore dans l'utérus en utilisant des mots courts prononcés d'une voix rassurante, le nouveau-né est capable de reconnaître sa voix dans une pièce une heure ou deux après la naissance. Et que non seulement il la reconnaît, mais qu'il y réagit. S'il est en train de pleurer, il s'arrête. Ce bruit familier et apaisant lui indique qu'il est en sécurité.

D'une façon générale, la formation de l'attachement a aussi des répercussions directes sur le père. Les descriptions stéréotypées nous le présentent comme la mouche du coche, rempli de bonne volonté, mais maladroit. D'où une crise de doute qui s'insinue sournoisement chez beaucoup d'hommes. Pour se défendre, ils ont tendance à amorcer un mouvement de repli et à chercher la sécurité auprès d'amis et de collègues qui leur apportent à la fois l'assurance de leur valeur personnelle et le respect. L'attachement père-enfant est essentiel, en cela qu'il permet de sortir de ce schéma perturbant et de faire participer l'homme en profondeur et avec beaucoup plus d'intensité à la vie de l'enfant dès le début de celle-ci. Plus cette participation commence tôt, plus son futur fils ou sa future fille en bénéficiera.

Ce regard nouveau porté sur la paternité marque un changement radical, comme d'ailleurs l'ensemble des découvertes exposées dans les pages qui vont suivre. Radical au sens propre du terme, c'est-à-dire une coupure nette et définitive avec les anciennes pratiques. Une attitude aussi tranchée est en effet indispensable si nous voulons produire de futures générations d'enfants de plus en plus épanouis et affectivement sécurisés.

Chapitre 2

LE NOUVEAU SAVOIR

Auteur de plusieurs livres et articles qui font autorité, le Dr Alfred Tomatis * connaît la valeur des données scientifiques. Mais il sait aussi qu'un exemple vécu fait parfois mieux comprendre les choses, et plus simplement, qu'une douzaine d'études. Aussi, lorsqu'il veut illustrer la puissance des expériences vécues avant la naissance dans la formation de la personnalité, raconte-t-il souvent l'histoire d'Odile, une enfant autistique (c'est-à-dire totalement repliée sur elle-même et détachée de la réalité extérieure) qu'il eut à soigner il y a quelques années.

Comme la plupart des enfants souffrant d'autisme, Odile était pratiquement muette. La première fois que le Dr Tomatis la vit dans son bureau, elle ne dit pas un mot et ne parut pas entendre qu'il lui parlait. Au début, Odile se cantonna dans un silence obstiné. Puis, peu à peu, le traitement commença à agir. Un mois ne s'était pas écoulé que la fillette écoutait et parlait. Ses parents étaient ravis devant de tels résultats, mais en même temps un peu perplexes : la

---

* Directeur de recherche auprès des Centres Tomatis.

compréhension manifestée par leur fille s'améliorait sensiblement quand ils parlaient anglais. Or ils ne s'expliquaient absolument pas d'où venaient les connaissances d'Odile. On ne parlait pas anglais à la maison et, avant de rencontrer le Dr Tomatis, la petite Odile, âgée de quatre ans, s'était montrée imperméable aux mots, quelle que soit la langue dans laquelle ils étaient prononcés. Même en admettant qu'elle ait pu apprendre un peu d'anglais en entendant des fragments de conversations autour d'elle, pourquoi aucun de ses frères et sœurs plus âgés, et qui ne présentaient aucun problème, ne possédaient-ils pas les mêmes connaissances?

Au début, le Dr Tomatis fut lui aussi intrigué; jusqu'au jour où la mère d'Odile mentionna par hasard que pendant les premiers mois de sa grossesse (ceux où la mémoire commence à se former), elle avait travaillé dans une société d'import-export où elle ne parlait qu'anglais.

Nous voici revenus à notre point de départ : même les rudiments d'une langue peuvent être mémorisés in utero. Il y a quarante ans, on aurait jugé impensable pareille hypothèse; quatre siècles plus tôt, on l'aurait acceptée comme un fait. Nos ancêtres savaient que l'enfant était marqué avec la naissance par les expériences de la mère. Les Chinois créèrent les premières cliniques prénatales il y a un millénaire. Cela explique aussi pourquoi les cultures primitives ont toujours eu recours à des interdits pour éloigner les femmes enceintes de ce qui pouvait les effrayer, le feu par exemple. Des siècles d'observation leur ont montré les répercussions considérables que peuvent avoir l'anxiété et la crainte éprouvées par la mère.

De nombreux textes anciens font allusion à ces

influences prénatales, depuis les traités d'Hippocrate jusqu'à la Bible. Dans un passage imagé de l'évangile selon saint Luc (I, 44), par exemple, Élisabeth s'écrie : « Dès l'instant où ta salutation a frappé mes oreilles, l'enfant a tressailli d'allégresse en mon sein. »

Le premier à avoir compris l'étendue de cette notion ne fut pas, cependant, un saint ni un médecin, mais le grand Léonard de Vinci. Ses *Cahiers* en disent plus long sur ces influences intra-utérines que les manuels de médecine les plus récents. C'est ainsi qu'il écrivait avec une intuition remarquable : « Une même âme gouverne les deux corps [...] Les choses que désire la mère s'impriment souvent sur l'enfant qu'elle porte au moment où elle les désire [...] Tout vouloir, désir suprême ou crainte de la mère, ou toute douleur de son esprit atteignent plus puissamment l'enfant car il est fréquent qu'il en meure. »

Quant à nous, il nous a fallu quatre siècles et l'aide d'un autre génie pour rattraper Vinci. Au XVIIIe siècle, l'homme entama sa longue et torturante histoire d'amour avec la machine, et les ondes de choc de cette passion devaient se répercuter dans tous les domaines, y compris celui de la médecine. Pour les praticiens, le corps humain ressemblait un peu et même beaucoup à ce qu'est un circuit électrique pour un enfant. Soigner consistait à trouver où était la panne et pourquoi le circuit se déréglait. L'important, c'était ce qu'ils pouvaient immédiatement voir, toucher et vérifier.

Intention louable, certes, mais jusqu'à un certain point seulement. Cette attitude eut en tout cas le mérite de débarrasser la médecine de toutes les superstitions qui l'encombraient depuis deux mille ans et de la mettre sur un pied d'égalité avec les autres sciences. Mais ce faisant, les médecins manifestèrent une méfiance exagérée à l'égard de tout ce qu'ils ne pouvaient peser, mesurer ou glisser sous la plaque du microscope. Trop brumeux, trop fugaces et trop insignifiants, les sentiments et les émotions n'avaient pas leur place dans le nouveau monde rationnel de la médecine de précision. Au début du siècle, pourtant, les théories psychanalytiques de Sigmund Freud définissant et expliquant les désordres émotionnels redonnèrent droit de cité dans la médecine à ces éléments « imprécis ».

Freud ne s'attarda pas sur le cas du fœtus. Il était entendu, aux termes des hypothèses traditionnelles de la neurologie et de la biologie de l'époque, qu'avant sa deuxième ou sa troisième année, l'enfant n'avait pas atteint un degré de maturité suffisant pour éprouver ou vivre quoi que ce soit d'important. Ce qui explique pourquoi il ne lui vint pas à l'idée que la personnalité commençait à se former plus tôt.

Freud apporta, néanmoins, une contribution capitale, quoique involontaire, à la psychologie prénatale. Il prouva, et de manière définitive, que les émotions et les sentiments négatifs perturbaient la santé physique de l'individu et baptisa les troubles qui s'ensuivaient « maladies psychosomatiques ». Qu'il ait pensé à l'ulcère ou à la migraine quand il formula sa théorie ne change pas grand-chose à l'affaire. Ni qu'il ait davantage insisté sur les effets négatifs du mental sur la santé (il était de toute évidence conscient de ses effets positifs). Sa grande découverte fut de comprendre qu'une émotion pouvait se traduire par une douleur, voire une altération, physiques. Dans ce cas, se demandèrent alors certains chercheurs, pourquoi une émotion ne modèlerait-elle pas la personnalité de l'enfant avant la naissance?

Dans les années 1940 et 1950 plusieurs chercheurs,

dont Igor Caruso et Sepp Schlinder, de l'université de Salzbourg en Autriche, Lester Sontag et Peter Fodor aux États-Unis, Friedrich Kruse en Allemagne, Dennis Stott, de l'université de Glasgow, D. W. Winnicott, de l'université de Londres, en Angleterre, et Hans Graber, en Suisse, avaient acquis la certitude que les émotions ressenties par la mère se répercutaient sur l'enfant qu'elle portait. Mais ils étaient incapables de le prouver en laboratoire.

En tant que psychiatres et psychanalystes *, ils disposaient pour tout matériel de leurs idées et de leurs intuitions. Si, dans les années 1950, ils atteignaient déjà des sommets dont ils n'auraient jamais osé rêver en démarrant leurs travaux, ils n'avaient toujours pas découvert comment traduire ces intuitions en faits vérifiables et irréfutables qu'ils pourraient présenter à leurs collègues des sciences physiologiques. Bref, il leur manquait l'outil qui leur permettrait d'étudier et de tester l'enfant in utero. Aucun procédé, aucune machine n'en étaient alors capables.

Vers le milieu des années 1960, la technologie médicale se mit enfin au diapason. Et comme beaucoup de ces pionniers parvinrent sans encombre à un âge vénérable (certains vivent encore et font preuve d'une étonnante vitalité), ils eurent la satisfaction de voir une grande partie de leurs travaux confirmés par une nouvelle génération de chercheurs.

Des neurologues comme Dominick Purpura, de l'Albert Einstein Medical College de New York, Maria Z. Salam et Richard. D. Adams de Harvard, des

---

* Seul obstétricien du groupe, le D\u1d63 Sontag avait déjà commencé dans les années 1930 à étudier en laboratoire la mère et l'enfant avant la naissance.

spécialistes de l'audition comme Erik Wedenberg du Mental Research Institute de Palo Alto, et le Dr Albert Liley, de l'université du National Woman's Hospital d'Aukland, en Nouvelle-Zélande, ont enfin réussi à apporter ce qui faisait terriblement défaut : la preuve physiologique solide et irréfutable que le fœtus est un être capable de réactions auditives, sensorielles et affectives.

Ces découvertes passionnantes donnèrent une nouvelle autorité à cette science au berceau qu'était la psychologie prénatale. En effet, le futur nouveau-né que l'on voyait se dessiner peu à peu au fil de ces recherches se montrait plus avancé physiquement, intellectuellement et affectivement que ne l'avaient imaginé Winnicott et Kruse.

Ainsi la preuve était faite que, à cinq semaines, l'enfant met en place un répertoire d'actions-réflexes extrêmement complexe. A huit semaines, non seulement il remue sans peine la tête, les bras et le torse, mais il utilise déjà ces mouvements en tant que langage gestuel primitif, exprimant ses goûts et ses aversions par des secousses et des coups de pied qui ne laissent subsister aucune ambiguïté. Il déteste tout particulièrement qu'on le tripote. Pressez l'estomac d'une future mère, pincez-le ou enfoncez un peu votre doigt, et son fœtus de deux mois et demi se tortillera aussitôt pour éviter ce contact (comme diverses techniques ont permis de l'observer).

Ce souci du confort explique peut-être pourquoi certains nouveau-nés sont si remuants la nuit. L'enfant in utero déploie son activité la plus intense pendant cette période. En effet, une fois couchée, sa mère est rien moins qu'immobile et détendue. Luttant contre les brûlures d'estomac, les digestions difficiles et les jambes lourdes, elle n'arrête pas de bouger et de se retourner, à quoi s'ajoutent au moins deux ou trois trajets aux toilettes. C'est pourquoi je pense qu'on peut dire, sans exagération, que l'enfant vient au monde avec un rythme de sommeil inversé.

Il faut un peu plus de temps pour contrôler les expressions du visage que les mouvements normaux du corps. A quatre mois, pourtant, le fœtus fronce les sourcils, plisse les yeux et grimace. C'est aussi à cette période qu'il acquiert ses réflexes essentiels. Caressez-lui les paupières (toujours de façon expérimentale in utero), et il clignera des yeux au lieu de rejeter tout le corps en arrière comme il le faisait jusque-là ; caressez-lui les lèvres, et il commencera à téter.

Quatre à huit semaines plus tard, il est aussi sensible au contact qu'un enfant d'un an. Si, lors d'un examen médical, on touche sans le vouloir son cuir chevelu, il reculera la tête d'un mouvement brusque. Il a aussi une sainte horreur de l'eau froide. Si on en fait absorber à sa mère, il réagit en donnant de violents coups de pied.

Mais le plus stupéfiant chez cette créature qui ne cesse de nous étonner, ce sont ses goûts nettement marqués. L'idée que nous nous faisons habituellement du fœtus n'est pas celle d'un gourmet. Nous avons tort ; dans un certain sens, bien sûr. Injectez de la saccharine à son menu ordinaire – le liquide amniotique est normalement peu sucré –, et il en avale une double ration. Ajoutez une substance comme le Lipidol, une huile au goût particulièrement peu agréable de teinture d'iode, et non seulement le taux d'ingestion accuse une chute verticale, mais le fœtus fait la grimace.

Des études récentes ont aussi montré qu'à partir de la vingt-quatrième semaine, l'enfant a sans cesse l'oreille aux aguets. Et les bruits ne manquent pas.

L'abdomen et l'utérus d'une femme enceinte constituent un lieu bruyant entre tous. Les gargouillis de l'estomac maternel s'imposent en priorité. La voix de la mère, celle du père, et d'autres bruits occasionnels sont moins sonores, mais il les entend. Toutefois, le bruit qui domine son univers est le battement sourd et rythmé du cœur de sa mère. Tant que ce bruit demeure régulier, l'enfant sait que tout va bien, il se sent en sécurité.

Le souvenir inconscient du rythme cardiaque maternel in utero semble expliquer pourquoi un bébé se calme dès qu'il est tenu contre la poitrine ou bercé par le tic-tac régulier d'une pendule; pourquoi aussi les adultes parviennent à oublier au milieu de l'agitation ambiante de leur bureau le cliquetis régulier des machines à écrire ou le ronronnement de l'air conditionné. D'après le Dr Ambert Liley, c'est aussi pourquoi la plupart des gens, quand on leur demande de régler un métronome sur un rythme qu'ils jugent agréable, restent en général dans la zone des 50 à 90 battements à la minute, soit en gros le rythme des battements du cœur humain.

Un spécialiste, Elias Carnetti, estime que la mémoire primale des battements du cœur de la mère explique également pour une bonne part nos goûts musicaux. Tous les rythmes de percussion connus, souligne-t-il, partent de deux schémas fondamentaux : le martèlement rapide des sabots des animaux, ou la cadence mesurée du cœur humain. On comprend assez facilement le schéma rythmique des sabots, lointain vestige du passé de chasseur qui fut celui de l'homme. C'est pourtant l'autre schéma, celui des battements du cœur, qui est le plus répandu dans le monde, y compris chez les cultures primitives vivant encore dans une économie de chasse.

Boris Brott est absolument convaincu que son amour de la musique a été éveillé dès le sein de sa mère. Beaucoup d'autres musiciens, dont Arthur Rubinstein et Yehudi Menuhin, pensent de même. En outre, l'audiologue Michele Clements, dans une série d'études nouvelles portant sur l'enfant avant la naissance, a montré que celui-ci faisait preuve en musique de goûts et d'aversions très précis et différenciés.

Comme je l'ai dit plus haut, Vivaldi est un des compositeurs préférés du fœtus; de même que Mozart. Chaque fois qu'on plaçait sur l'électrophone un disque d'une œuvre majeure d'un de ces compositeurs, rapporte le Dr Clements, le rythme cardiaque du fœtus se régularisait automatiquement et ses mouvements se calmaient. En revanche, Brahms et Beethoven, ainsi que le rock, énervaient la plupart des fœtus. Ils remuaient violemment chaque fois qu'on faisait entendre ce genre de rythmes à leur mère.

Dans les années 1920, un chercheur allemand observait une réaction encore plus caractéristique. Plusieurs des femmes enceintes qu'il suivait lui dirent avoir cessé d'aller au concert à cause de l'agitation forcenée de leurs futurs bébés. Cinquante ans plus tard environ, le Dr Liley et ses collègues découvraient enfin la cause profonde de ce phénomène. L'équipe de chercheurs constatait, en effet, qu'à partir de la vingt-cinquième semaine, le fœtus sautait, au sens littéral du terme, au rythme des percussions d'un orchestre, ce qui n'est certainement pas la façon la plus reposante de passer la soirée.

Chez l'enfant in utero, la vision se développe plus lentement, et pour des raisons évidentes : sans être un espace complètement obscur, un utérus n'est pas l'endroit rêvé pour s'exercer à voir. Ce qui ne veut pas dire que le fœtus ne voit pas. Dès la sixième semaine, il fait preuve d'une extrême sensibilité à la lumière. Aux rayons de soleil qui lui parviennent, il peut dire quand sa mère est en train de bronzer. Et alors que, d'une façon générale, ces rayons ne le gênent pas, il réagit à un rayon unique directement projeté sur le ventre de sa mère. Le plus souvent, il détourne la tête, ou au moins sursaute. Le Dr Michael Smythe, d'University College à Londres, a obtenu des variations spectaculaires du rythme cardiaque fœtal simplement en projetant une lumière clignotante sur le ventre d'une femme enceinte.

La vision d'un nourrisson n'est pas particulièrement développée. A la naissance, un bébé n'a que 20/500 de vision, ce qui signifie qu'il ne voit pas un arbre au milieu d'un terrain de football. Il peut voir, en revanche, les objets appartenant à *son* univers avec une certaine netteté s'ils sont suffisamment proches. Il est capable de distinguer la plupart des traits du visage de sa mère, distant de 15 à 30 centimètres de son propre visage. Autre constatation étonnante : à 2,70 mètres, il parvient à distinguer le contour d'un objet.

Le Dr Liley explique ces exploits à partir d'une hypothèse du plus haut intérêt. D'après lui, les défauts de vision d'un bébé seraient dus, au moins en partie, aux effets secondaires d'une habitude prise dans l'utérus. Si un enfant s'intéresse peu aux objets éloignés de plus d'une trentaine de centimètres, c'est parce que cette distance correspond aux dimensions de l'abri qu'il vient de quitter.

Le fait que le fœtus ait prouvé qu'il était capable de réactions sensorielles à son environnement montre qu'il possède les éléments requis pour apprendre.

Bien sûr, il en faut davantage pour que la personnalité se forme. D'abord, un minimum de conscience est nécessaire. Pour être à même d'exercer une influence quelconque, il faut que les pensées et les sentiments de la mère trouvent à s'enregistrer ailleurs que dans du vide. L'enfant doit avoir une conscience aiguë de ce qu'elle pense et éprouve. Ensuite, il est tout aussi essentiel qu'il soit capable de lire ses pensées et ses sentiments avec un minimum de subtilité et d'élaboration. Il reçoit dès l'utérus une quantité de messages parmi lesquels il doit pouvoir opérer un tri pour ne garder que l'essentiel, distinguer ceux à partir desquels il agira et ceux qui sont à écarter. Enfin, il doit se rappeler ce que ces messages lui disent. Sinon leur contenu, indépendamment de leur importance, ne sera enregistré que de manière très fugitive.

C'est beaucoup demander à un très petit enfant et c'est pourquoi certains chercheurs continuent à se montrer fortement hostiles à l'idée de la formation in utero de la personnalité. Selon eux, les capacités neurologiques, intellectuelles et émotionnelles nécessaires à ce processus complexe sont très au-delà des possibilités du fœtus.

Ce type d'objection, toutefois, témoigne d'une ignorance aveugle de ce que nous ont appris les expériences menées en laboratoire. Les recherches récentes en neurologie prouvent non seulement que la conscience – la plus importante des trois conditions requises – existe in utero, mais elles déterminent également avec précision le moment où elle se forme. Le Dr Purpura, rédacteur d'un périodique prestigieux, *Brain Research*, ainsi que directeur du département d'études sur le cerveau des National Institutes of Health, situe le début de la conscience quelque part entre la vingt-huitième et la trente-deuxième semaine. A ce stade, note-t-il, les circuits nerveux du cerveau sont aussi développés que ceux du nouveau-né. C'est un moment capital car les messages sont alors relayés par le cerveau, puis diffusés dans tout le corps par ces circuits. A la même période, environ, le cortex général atteint un développement suffisant pour étayer la conscience. Cette constatation est également capitale car le cortex est la région la plus élaborée et la plus compliquée du cerveau, autrement dit la plus humaine. C'est elle que nous utilisons pour construire des vaisseaux spatiaux, écrire des livres ou concevoir des gratte-ciel.

Quelques semaines plus tard, les ondes cérébrales deviennent perceptibles et permettent de détecter si l'enfant dort ou s'il est éveillé. Même quand il dort, il est maintenant capable d'activité mentale. A partir de la trente-deuxième semaine, l'enregistrement des ondes cérébrales émises par l'enfant commence à montrer l'apparition de phases de sommeil paradoxal (REM), qui se traduisent par des mouvements oculaires rapides et correspondent chez l'adulte à des périodes de rêve. Et alors qu'il est impossible de dire si, chez le fœtus, le sommeil paradoxal a la même signification, c'est-à-dire si l'enfant rêve, j'ai pour ma part l'impression que ses rêves – exception faite de la part de vécu inhérente à l'activité onirique – ne sont guère différents des nôtres. Il peut rêver qu'il bouge les mains ou les pieds, par exemple, ou qu'il entend du bruit. Peut-être même est-il capable de se brancher sur les pensées et les rêves de sa mère, de telle façon que les rêves de celle-ci deviennent les siens.

Trois chercheurs américains spécialistes du sommeil, H. P. Roofwarg, J H. Muzil et W. C. Dement, ont émis une autre hypothèse : les périodes de sommeil paradoxal (REM) pourraient être comparées à un entraînement du cerveau fœtal. C'est-à-dire que pour se développer comme il convient, le cerveau aurait besoin de s'exercer, l'activité neurologique des phases REM constituant précisément l'exercice mental nécessaire.

Les premiers minces filaments de mémoire commencent à s'entrecroiser dans le cerveau du fœtus dès le troisième trimestre de son développement; quand exactement, c'est difficile à dire. Certains chercheurs affirment que l'enfant est capable d'avoir des souvenirs à partir du sixième mois; d'autres estiment qu'il faut attendre au moins le huitième. Une chose est certaine : l'enfant emmagasine des souvenirs avant la naissance et il est capable de les conserver.

Dans un ouvrage récent, le psychiatre tchèque Stanislas Grof évoque le cas d'un de ses patients qui, sous médicaments, a décrit avec une précision remarquable son corps de fœtus : la grosseur de sa tête comparée à ses jambes et à ses bras, l'impression qu'il ressentait quand il baignait dans la tiédeur du liquide amniotique, et comment il était rattaché au placenta maternel. Soudain, alors qu'il évoquait les bruits de son cœur et de celui de sa mère, il s'interrompit et annonça qu'il entendait des sons étouffés provenant de l'extérieur de l'utérus – des rires et des cris joyeux ainsi que le vacarme assourdi de trompettes de carnaval. Et d'une façon tout aussi brusque et inexplicable, il déclara qu'il était sur le point de naître.

Intrigué par la précision et les détails de ce souvenir, le Dr Grof interrogea la mère du patient sur la naissance de son fils. Non seulement elle confirma le récit de celui-ci, mais elle ajouta que l'agitation du carnaval avait déclenché l'accouchement avant la date prévue. Toutefois, les questions du médecin l'étonnaient : jamais, en effet, elle n'avait parlé à qui que ce soit de son escapade parce que sa mère l'avait à juste titre mise en garde contre un accouchement prématuré. Qui avait informé le médecin ?

Chaque fois que je glisse cette histoire dans une de mes conférences, je vois invariablement mes auditeurs profanes hocher la tête d'un air entendu. L'idée qu'un enfant ait des souvenirs intra-utérins leur semble aller de soi. De même quand j'aborde le thème de la conscience fœtale ; pour la plupart des gens, surtout pour les femmes qui ont été ou sont enceintes, c'est une théorie parfaitement logique. En revanche, l'auditoire ne cache pas son étonnement quand il m'entend affirmer qu'un enfant peut déchiffrer les pensées et les sentiments de sa mère. Comment, me demande-t-on, l'enfant est-il capable de décoder les messages maternels signifiant « amour » et « réconfort », alors qu'il ne dispose d'aucun moyen lui permettant de savoir à quoi correspondent ces sentiments ?

Les tout premiers éléments de réponse à cette question furent apportés en 1925, quand un biologiste et psychologue américain, W.B. Cannon, prouva que la crainte et l'anxiété peuvent être biologiquement provoquées par l'injection de substances chimiques *, les catécholamines, qui apparaissent spontanément dans le sang des animaux et des humains quand ils ont peur. Dans les expériences réalisées par le Dr Cannon, les catécholamines extraites d'animaux effrayés étaient injectées à un second groupe d'ani-

---

* Ces subtances, qui comprennent l'épinéphrine, la norépinéphrine et la dopamine, agissent en tant qu'agents de transmission à l'intérieur du système nerveux autonome (ANS) ou système neuro-végétatif.

maux n'éprouvant, ceux-là, aucune crainte. En quelques secondes et sans aucune stimulation extérieure, le second groupe commençait à manifester lui aussi des signes de peur.

Le Dr Cannon constata ensuite que cet effet avait pour origine la particularité qu'ont les catécholamines de jouer le rôle d'un système d'alarme mobile. Une fois dans le sang, elles produisent toutes les réactions physiologiques associées à la crainte et à l'anxiété. Et le fait qu'il s'agisse du système sanguin d'un animal ou de celui d'un fœtus ne modifie guère le processus. La seule différence réside, dans le cas du fœtus, dans la source de ces substances; elles proviennent de la mère quand celle-ci est perturbée. Dès qu'elles franchissent la barrière placentaire, l'enfant est perturbé à son tour.

A strictement parler, ces observations maintiennent la crainte et l'anxiété éprouvées par l'enfant dans un domaine purement physiologique. C'est son corps, et non son esprit, qui subit les répercussions immédiates et le plus facilement mesurables de la production d'hormones maternelles. Mais ces substances jouent en même temps un rôle de stimulant et éveillent chez le fœtus une conscience très primitive de lui-même et de l'aspect purement *émotionnel* de ces impressions. C'est un processus compliqué dont nous examinerons d'un peu plus près le fonctionnement au chapitre suivant. Il suffit de dire ici que chaque vague d'hormones maternelles le tire brutalement de la neutralité qui est son état normal in utero pour l'amener à une sorte de réceptivité. Quelque chose d'inhabituel, de dérangeant peut-être, s'est produit; et parce qu'il est un être humain, le fœtus commence à essayer de « comprendre » ce qui s'est passé. Bien sûr, il ne formule pas ainsi la question; ce qu'il se demande, c'est : « Pourquoi ? »

Peu à peu, à mesure que son cerveau et son système nerveux se développent, il commence à trouver des réponses, pas seulement des réponses physiques liées aux sentiments et aux émotions de sa mère, mais aussi des réponses affectives. Le processus n'est pas toujours aussi concret que cette description pourrait le faire croire. Mais, au sixième ou au septième mois, l'enfant est capable d'effectuer des distinctions d'une subtilité déjà remarquable dans les attitudes et les sentiments de sa mère et, plus important, de commencer à agir en fonction de ceux-ci.

La meilleure – et unique – démonstration de cette capacité que je connaisse est une étude de premier ordre réalisée par le Dr Dennis Stott au début des années 1970. Compte tenu de problèmes de communication évidents, le fœtus ou le nouveau-né ne peut nous dire quels sentiments maternels il a perçus in utero, ni comment il a réagi ; mais comme nous tous, il est soumis aux phénomènes psychosomatiques. Quand il est heureux, il s'épanouit physiquement ; quand il est perturbé, il tombe souvent malade, est émotionnellement instable. Et comme la principale source de sa vie affective intra-utérine est sa mère, le Dr Stott a pensé que l'état physique et émotionnel de l'enfant à la naissance et durant les premières années donnerait une idée assez juste du type de messages maternels reçus in utero, et de la précision avec laquelle ils étaient perçus.

Si son hypothèse était exacte, on observerait que les perturbations passagères ressenties par la mère affectaient moins profondément l'enfant que les perturbations prolongées. C'est en effet ce qu'il put constater. On ne décelait aucun trouble – physique ou émotionnel – chez les enfants des femmes ayant éprouvé un stress intense, mais de courte durée, pendant leur grossesse – une des femmes avait assisté à un violent combat de chiens, une autre avait été effrayée en travaillant, l'enfant d'une troisième avait fait une fugue.

Bien sûr, on peut répondre à cela que, compte tenu du caractère éphémère de ces peurs, la faible quantité d'hormones maternelles absorbées par l'enfant expliquait peut-être la santé florissante de celui-ci. Mais alors, en bonne logique, tous les bébés de cette étude ayant été exposés à des stress *intenses* et *durables* auraient dû présenter des troubles à la naissance. Or, ce n'était pas le cas. Ce qui apparut en fait, ce fut une distinction très subtile entre les divers types de stress. Les observations du Dr Stott montraient que les perturbations prolongées qui ne menaçaient pas directement la sécurité affective d'une femme, comme la maladie d'un parent proche, par exemple, avait peu ou pas d'effet sur l'enfant qu'elle portait, à la différence de stress qui la mettaient personnellement en cause et de façon durable. Le plus souvent, ceux-ci avaient pour origine une tension avec un membre très proche de la famille – habituellement le mari, mais aussi un membre de la belle-famille. Selon le Dr Stott, outre le fait qu'ils étaient personnels, ces stress possédaient deux autres caractéristiques. « D'une façon générale, explique-t-il, ils étaient permanents ou capables de provoquer à tout moment une explosion, et ils ne pouvaient pas être résolus. » Le fait que dix des quatorze femmes soumises à des états de stress qui faisaient l'objet de cette étude aient mis au monde des enfants présentant des problèmes physiques ou affectifs me semble, quant à moi, aller beaucoup plus loin que la simple explication physiologique. Après tout, ces états de stress, passagers ou durables, étaient tous intenses, donc capables de libérer de vastes quantités d'hormones maternelles dans le sang.

La différence enregistrée ne peut s'expliquer qu'en termes de perception. Dans un cas, l'enfant était à même de percevoir que la détresse de sa mère, tout en étant très réelle, ne les menaçait ni l'un ni l'autre; dans l'autre, il sentait à juste titre que cette détresse les mettait tous les deux en danger.

Malheureusement, le Dr Stott oublia d'analyser les sentiments éprouvés à l'égard de leur enfant par les quatorze mères soumises à des stress qui les touchaient directement. Sinon il aurait constaté, je crois, que l'intensité de ces sentiments peut atténuer les répercussions qu'auront sur l'enfant les perturbations personnelles de la mère. L'amour de celle-ci importe plus que tout, et quand l'enfant perçoit cet amour, il se forme autour de lui une sorte de bouclier protecteur qui réduit, et parvient même à neutraliser dans certains cas, les effets des tensions extérieures.

On aurait du mal à imaginer grossesse plus bouleversée que celle vécue par une femme que j'appellerai Maria. Seule – son mari l'avait abandonnée quelques semaines après qu'elle eut appris qu'elle était enceinte – et en proie à de perpétuels soucis d'argent, Maria avait déjà eu plus que sa part de difficultés quand, au sixième mois, on décela la présence d'un kyste précancéreux à un ovaire. Il fallait opérer sans plus attendre, mais Maria refusa une intervention qui, elle le savait, aurait provoqué un avortement. Âgée de trente-cinq ans environ, Maria savait aussi que c'était sa dernière chance d'avoir un enfant qu'elle désirait plus que tout. « Pour moi, c'était la seule chose qui comptait, m'a-t-elle dit par la suite. J'aurais risqué n'importe quoi pour avoir mon bébé. » J'ai le sentiment que, d'une façon ou d'une autre, son enfant perçut son désir. Maria mit au monde une petite fille qui devait s'appeler Andréa, en parfaite santé, et à l'heure où j'écris ces lignes, soit deux ans plus tard, c'est une enfant normale, heureuse de vivre et parfaitement adaptée.

Résumons-nous. Même si le stress externe que subit la mère n'est pas à négliger, la façon dont elle perçoit son enfant est encore plus importante. Les pensées et les sentiments de la mère constituent le matériau à partir duquel il forme sa personnalité. Quand ces pensées et ces sentiments sont positifs et affectivement riches, l'enfant peut, comme dans le cas d'Andréa, supporter presque tous les types d'agressions. Mais on ne trompe pas le fœtus. S'il a une conscience assez juste de ce que pense et éprouve sa mère en général, il perçoit avec encore plus d'acuité son attitude à son égard, comme le prouve tout un ensemble d'études psychologiques absolument inédites et conduites avec une ingéniosité remarquable.

C'est ainsi qu'après avoir suivi deux mille femmes pendant leur grossesse et à l'accouchement, le Dr Monika Lukesch, une psychologue de l'université Constantine de Francfort, en Allemagne de l'Ouest, concluait dans son étude que l'attitude de la mère avait une importance primordiale sur ce que serait le nouveau-né. Ces femmes appartenaient à un même milieu, elles étaient aussi intelligentes les unes que les autres et bénéficiaient de la même qualité de surveillance prénatale. Le seul facteur qui les différenciait était leur attitude à l'égard de l'enfant qu'elles attendaient, et celle-ci se révéla déterminante sur les nouveau-nés. Les enfants des mères acceptant leur grossesse et désireuses de fonder une famille étaient, à la naissance et plus tard, beaucoup plus vigoureux sur le plan physique comme sur le plan affectif que les enfants mis au monde par des mères qui le rejetaient.

Le Dr Gerhardt Rottmann, de l'université de Salzbourg, en Autriche, est parvenu à une conclusion identique. Son étude est particulièrement intéressante parce qu'elle fait apparaître les distinctions très subtiles que le fœtus est capable d'effectuer.

L'échantillon sur lequel portait son étude, cent quarante et une femmes, fut réparti en quatre catégories émotionnelles définies en fonction de leur attitude à l'égard de leur grossesse. Les résultats des catégories les plus vastes furent ce qu'on pouvait prévoir et coïncidaient étroitement avec ceux du Dr Lukesch. Les femmes appartenant au groupe des « mères idéales » (ainsi baptisé par le Dr Rottman après des tests psychologiques ayant montré qu'elles désiraient, consciemment et inconsciemment, leur enfant) eurent des grossesses sans histoire, des accouchements faciles et des enfants en parfaite santé physique et affective. Les femmes ayant fait preuve d'une attitude négative, les « mères catastrophiques », formaient le groupe qui avait présenté les problèmes médicaux les plus sérieux pendant la grossesse et enregistré le nombre le plus élevé de naissances prématurées ainsi que de nouveau-nés pesant un poids inférieur à la moyenne et présentant des troubles émotionnels.

Toutefois, les données les plus intéressantes étaient fournies par les deux groupes intermédiaires. Les « mères ambivalentes » du Dr Rottmann proclamaient leur joie d'être enceintes. Mari, amis, famille, tout le monde déclarait que ces femmes n'avaient qu'une hâte : être mères. Les enfants qu'elles portaient savaient mieux à quoi s'en tenir. Leurs détecteurs sensoriels avaient repéré l'ambivalence inconsciente qui apparaissait dans les tests du Dr Rottmann. A la naissance, un nombre inhabituellement important de nouveau-nés présentaient des troubles du comportement et des problèmes gastro-intestinaux. Quant aux enfants des « mères indifférentes », ils semblaient tout aussi perturbés par les messages confus qu'ils enregistraient. Pour diverses raisons – elles craignaient de compromettre leur carrière, avaient des difficultés matérielles ou ne se sentaient pas encore prêtes pour la maternité –, ces mères n'avaient pas désiré leur enfant, mais les tests du Dr Rottmann montraient néanmoins que, inconsciemment, cette grossesse était souhaitée. A un niveau ou à un autre, les enfants percevaient ce double message et semblaient troublés. A la naissance, un nombre inhabituel de ces nouveau-nés faisaient preuve d'apathie et de léthargie.

Et l'influence du père? Comme je l'ai dit plus haut, tout montre que la qualité de la relation entre la mère et son mari ou son compagnon, le fait qu'elle se sente heureuse et sécurisée ou, au contraire, ignorée et menacée, a des conséquences décisives sur son enfant avant la naissance. Parmi les facteurs déterminant ce que sera le nouveau-né, le Dr Lukesch, par exemple, place la qualité de cette relation immédiatement après l'attitude de la mère à l'égard de la maternité.

Comme nous venons de le voir, le Dr Stott estime lui aussi que ce point est capital. Une mauvaise relation de couple constitue à ses yeux une des causes essentielles des dégâts physiques et affectifs subis par l'enfant avant la naissance. S'appuyant sur les résultats d'une étude récente pratiquée sur mille deux cents enfants et leur famille, il estime qu'une femme aux prises avec des difficultés conjugales court deux cent trente-sept pour cent plus de risques de mettre au monde un enfant physiquement et émotionnellement perturbé, qu'une femme vivant une relation sécurisante et riche sur le plan affectif.

Toujours selon le Dr Stott, des dangers aussi reconnus que la maladie, les effets du tabac ou ceux d'un travail pénible pendant la durée de la grossesse font peser une menace moins grave sur le fœtus. Les chiffres qu'il cite sont convaincants. Il a observé que les enfants nés dans des ménages où règne la mésentente sont, au cours de leurs premiers mois, cinq fois plus craintifs et nerveux que les enfants de couple unis. Ces bébés continuent à être particulièrement fragiles très tard dans l'enfance. A quatre ou cinq ans, ils sont d'une taille inférieure à la moyenne, timides et dépendent à un degré inhabituel de leur mère. Ces observations ne manquent pas d'être troublantes. Mais il est important aussi de se rappeler qu'une relation mère-enfant forte et affectivement riche peut protéger le fœtus contre les agressions, même les plus traumatisantes.

En outre, rien n'est jamais inéluctable et définitif dans la psychologie humaine. Le fait qu'un enfant soit le produit d'une union malheureuse, qu'il ait une mère « indifférente », « ambivalente » ou « catastrophique » ne signifie pas que, une fois adulte, il deviendra automatiquement schizophrène, alcoolique, sexuellement instable ou incapable d'agir autrement que par impulsion. Rien n'est jamais aussi tranché. Mais l'utérus est le premier univers de l'enfant. La façon dont il le perçoit – amical ou hostile – crée bel et bien la personnalité et les *prédispositions* de caractère. L'utérus, dans un sens on ne peut plus réel, définit les attentes de l'enfant. Si cet environnement a été chaleureux et aimant, il est probable que l'enfant attendra du monde extérieur les mêmes qualités. D'où une prédisposition à la confiance, à l'ouverture, à l'extraversion et à la confiance en soi. Le monde lui appartiendra, exactement comme lui avait appartenu l'utérus. Si cet environnement a été hostile, l'enfant s'attendra à un nouvel univers tout aussi peu sympathique. Il aura tendance à se montrer hésitant, méfiant et introverti. Il établira difficilement des rapports avec les autres et aura du mal à s'affirmer. La clé, naturellement, est entre les mains de leur mère.

Qui plus est, ces prédispositions sont mesurables. Plusieurs études les ont mises en évidence. La timidité de ces jeunes enfants qu'on estime avoir été anxieux in utero est un exemple parmi d'autres de caractéristiques prénatales laissant présager un comportement ultérieur. Un exemple encore plus frappant nous est fourni par une étude à long terme réalisée quelques années plus tard sur des adolescents par le même centre, le Fels Research Institute de Yellow Springs, dans l'Ohio. Comme on pouvait s'y attendre, les chercheurs n'ont pas trouvé de corrélation parfaite entre le comportement intrautérin des sujets et leur comportement d'adolescents. Mais les correspondances qui ont pu être observées sont intéressantes et révélatrices.

Cette fois, on prit pour étalon de mesure les battements du cœur qui, comme le mouvement, constituent un indicateur satisfaisant de la personnalité du fœtus. En examinant le rythme de ces battements, nous pouvons savoir comment un enfant réagit aux situations de stress et de peur (provoquées ici par un bruit d'une certaine intensité produit à proximité de la mère) et recueillir des indications sur sa personnalité. L'intérêt de ces résultats n'est pas tant de prouver que le fœtus réagit, comme nous tous, au stress d'une façon qui lui est personnelle, que de nous donner une information importante sur le développement de sa personnalité.

Prenons ce que j'appelle le groupe des « imperturbables »; à en juger par la régularité soutenue de leur rythme cardiaque, le bruit les troublait peu. Quinze ans plus tard, ces adolescents opposaient la même résistance à l'imprévu; comme le constatèrent les chercheurs, ils gardaient le contrôle de leurs émotions et de leur comportement. A l'opposé, on observa la même corrélation chez les adolescents qui avaient présenté in utero une réaction émotionnelle (traduite par la modification de leur rythme cardiaque) au bruit : ils continuaient à réagir très vivement. Cette différence se manifestait même dans les processus cognitifs et intellectuels des deux groupes. Devant l'image que lui montrait un chercheur, l'adolescent appartenant au groupe que j'appellerai des « émotifs » donnait le plus souvent une interprétation affective et, il est important de le préciser, créatrice; au lieu de se limiter à un seul contenu, il décrivait ce que ressentaient, selon lui, les personnages représentés, – s'ils étaient tristes ou gais, soucieux ou indifférents. Les « imperturbables », en revanche, préféraient les descriptions plus concrètes. Ils exposaient ce qu'ils avaient sous les yeux. L'imagination (ou la perspicacité) était pratiquement absente de leur interprétation.

Nous allons examiner au chapitre suivant les influences prénatales qui contribuent à structurer ces différences.

Chapitre 3

L'ÉMERGENCE DU MOI

L'étude réalisée par l'institut Fels sur les adolescents avait déjà été annoncée par un article paru en 1944 et intitulé : « La relation mère-fœtus et la guerre ». Son auteur, le Dr Lester W. Sontag, prenait pour point de départ les observations qu'il avait pratiquées quelques années auparavant sur l'anxiété maternelle et ses répercussions sur le fœtus. Le stress subi à l'époque par les femmes enceintes était lié au mari. Ces femmes ne mettaient pas au monde des enfants plus bizarres que d'autres, mais, comme le constatait le Dr Sontag, leurs nourrissons présentaient des troubles d'ordre *physique*. Compte tenu de la guerre, les peurs occasionnelles éprouvées en temps de paix étaient devenues une réalité quotidienne pour des centaines de milliers de femmes enceintes dont les maris combattaient, et ce praticien s'inquiétait du bien-être des enfants que portaient ces « mères de la guerre ». L'anxiété profonde, soupçonnait-il, devait certainement affecter physiquement, d'une façon ou d'une autre, les régulateurs émotionnels de l'enfant in utero et modifier son comportement ultérieur au point qu'il manifesterait, peut-être, une instabilité plus grande qu'un enfant né en des temps moins troublés.

Aujourd'hui, cet article témoigne de la remarquable intuition de son auteur. Il avait compris que les états de stress, par exemple les menaces pesant sur le mari, en accroissant la production neuro-hormonale de la mère, augmentent la *vulnérabilité biologique* de l'enfant à la détresse émotionnelle. Les perturbations présentées par le nourrisson sont provoquées au départ non seulement par les conséquences psychologiques de l'anxiété, mais aussi par ses conséquences physiques. Habituellement, ces facteurs jouent, les uns comme les autres, un rôle déterminant dans le tonus et l'orientation de la personnalité. Dans un tel contexte, cependant, je crois que l'instabilité émotionnelle plus grande manifestée par l'enfant vient du fait que ses mécanismes physiques ont été considérablement modifiés in utero par la quantité excessive de neuro-hormones fabriquées par la mère. Pendant toute sa vie il continuera à se développer et à se modifier, mais cette capacité d'évoluer sera biologiquement freinée par les expériences qu'il aura faites avant la naissance. Compte tenu de ces freinages biologiques profonds, il lui sera difficile de fonctionner aussi bien que ceux qui n'auront pas souffert de ce handicap.

Le Dr Sontag parlait de phénomène *somatopsychique*, qu'il définissait comme la façon dont « les processus physiologiques fondamentaux affectent la structure de la personnalité, les perceptions et le fonctionnement d'un individu »; autrement dit comme l'image miroir des phénomènes psychosomatiques. Au lieu d'un type de personnalité prédisposant le corps à l'ulcère ou à l'hypertension, ce sont les mécanismes corporels qui prédisposent l'individu à des troubles psychologiques tels que l'anxiété et la dépression. Tout ce que nous apprenons maintenant sur la complexité des circuits neurohormonaux * qui lient la mère à son enfant avant la naissance vient étayer ce que, une génération plus tôt, le Dr Sontag formulait encore comme une hypothèse.

Physiquement, la mère et l'enfant ne partagent pas un même cerveau, ni un même système neurovégétatif (ou système nerveux autonome, ANS), réglant la perception, le flux et l'impact des émotions. Chacun possède en propre son appareil neurologique et son système sanguin. Ces liens neurohormonaux ont donc une importance capitale : ils constituent un des rares moyens dont disposent la mère et l'enfant pour communiquer au plan émotionnel. En règle générale, la mère a l'initiative du dialogue. Lorsque l'enfant perçoit une action ou une pensée, son cerveau transforme immédiatement celle-ci en émotion et commande à son corps un ensemble de réactions appropriées. Le processus s'opère au niveau du cortex cérébral, c'est-à-dire dans la couche périphérique du cerveau; directement sous le cortex, dans l'hypothalamus, la perception ou l'idée reçoit son tonus émotionnel en même temps qu'un ensemble approprié de sensations physiques. (Ce processus fonctionne aussi en sens inverse. Une sensation, une douleur par exemple, venant du bras, se traduira d'abord par une émotion, disons de la peur, dans l'hypothalamus et, un millième de seconde plus tard, par une pensée, « je me suis cassé le bras », dans le cortex cérébral.)

Toutes les sensations réelles que nous associons à des états tels que l'anxiété, la dépression et l'excita-

---

* Je veux parler des substances telles que l'adrénaline, la noradrénaline, la sérotonine, l'ocytocine, etc., produites par les glandes du corps humain, qui, en traversant le placenta, peuvent affecter le fœtus.

tion partent de l'hypothalamus, mais les modifications physiques réelles produites par les émotions sont créées par les deux centres qu'il contrôle : le système endocrinien et le système nerveux autonome (ANS). Chez une femme enceinte qui éprouve une peur soudaine, l'hypothalamus commande à l'ANS d'accélérer le rythme cardiaque, de dilater les pupilles, de faire transpirer les paumes des mains et monter la tension; en même temps, le système endocrinien reçoit des signes qui déclencheront une augmentation de la production de neurohormones. En se répandant dans le sang, ces substances modifient les échanges chimiques corporels de la femme et, finalement, ceux de son enfant. J'ai pris la peur comme exemple, mais ce processus peut être actionné par d'autres émotions qui, si elles sont intenses et durables, viendront éventuellement modifier les rythmes biologiques normaux du fœtus.

Ce déclenchement peut être dû, entre autres, à l'installation d'une prédisposition *émotionnelle* à l'anxiété. C'est un processus plus psychologique que physique, et nous verrons comment il apparaît. Disons pour l'instant que, chez un enfant bombardé par l'anxiété in utero, celle-ci peut devenir un réflexe conditionné. Ce processus peut aussi avoir pour origine, et c'est plus grave, la mise en place d'une prédisposition *physique* à l'anxiété, due à la modification des centres où sont décodées les émotions. Où, exactement, le cerveau du fœtus et son système nerveux sont-ils le plus vulnérables à une surproduction de neurohormones maternelles liées au stress, nous l'ignorons. De même ne comprenons-nous pas encore avec précision quel type de modifications produisent ces hormones. Toutefois, les observations récentes ont montré que l'hypothalamus du fœtus et ses avant-postes dans le corps peuvent être particulièrement fragiles.

Ce qui est inquiétant. Car, comme nous l'avons vu, l'hypothalamus agit en tant que régulateur émotionnel du corps. Si l'hypothalamus d'un enfant est incorrectement réglé, lui ou les mécanismes qu'il contrôle, c'est-à-dire le système endocrinien et le système nerveux autonome, fonctionneront mal. Les preuves permettant de croire à l'existence d'une vulnérabilité de l'hypothalamus sont à la fois directes et indirectes. C'est à cette seconde catégorie qu'appartiennent les conclusions d'une étude réalisée par une équipe de chercheurs de l'université de Columbia, qui a mesuré les effets non du stress, mais de la famine in utero. Cette étude a sa place ici parce qu'elle montre comment, à certaines phases critiques de la grossesse, un facteur externe peut influencer la formation de l'hypothalamus. (L'hypothalamus règle, entre autres, notre ration alimentaire.) Ces chercheurs ont examiné les dossiers médicaux de femmes hollandaises ayant vécu une situation de famine, ainsi que ceux de leurs fils *. Cet échantillon se signalait, comme on put l'observer, par de graves problèmes d'obésité; la propension à la prise de poids dépendait en grande partie du stade de développement fœtal des intéressés à l'époque de la famine. Les répercussions de la faim éprouvée par la mère semblaient particulièrement manifestes pendant les quatre ou cinq premiers mois de grossesse; les jeunes gens ayant souffert de malnutrition à cette époque

---

* A la fin de 1944, les Allemands soumirent plusieurs régions de la Hollande à un embargo alimentaire très dur et il s'ensuivit une famine généralisée. L'étude est fondée sur les dossiers d'aptitude au service militaire des jeunes gens dont les mères étaient enceintes à cette période.

présentaient un taux anormal de cas d'obésité. Les chercheurs en conclurent que l'insuffisance de nourriture pendant cette période de la grossesse affecte la formation des régions de l'hypothalamus qui règlent la ration alimentaire et la croissance.

Une preuve directe de l'influence du stress sur le développement de l'hypothalamus nous est apportée par une étude réalisée en Finlande. Tous les sujets de cette étude avaient perdu leur père avant la naissance ou peu après; c'était précisément cette différence qui intéressait les Drs Matti Huttunen et Pekka Niskanen. Il est évident que la perte du conjoint inflige un stress considérable à une femme, et tout aussi évident que ce stress retentit sur son enfant. Ces chercheurs voulaient savoir si les conséquences de ce stress étaient plus grandes avant ou après la naissance. Un regard sur les dossiers médicaux des sujets leur apporta immédiatement la réponse : la proportion de troubles psychotiques, en particulier de schizophrénie, était nettement plus élevée chez les enfants posthumes. Nos deux chercheurs estimèrent que cette observation allait plus loin que les simples explications psychologiques. La quantité inhabituelle de troubles émotionnels présentés par les enfants dont le père était mort avant la naissance semblait indiquer l'existence d'un dysfonctionnement biologique. Puisque l'hypothalamus est le siège des émotions et des perceptions, ils conclurent que l'assimilation de celles-ci avait été perturbée par la détresse de la mère.

Il ne faut pas oublier, cependant, que ces deux études mesuraient les conséquences d'une détresse *extrême*. La famine et la mort d'un conjoint n'appartiennent pas à l'expérience habituellement vécue par la femme enceinte. En général, celle-ci est soumise à des stress moins graves, et leurs répercussions sur l'enfant sont elles aussi plus minimes. Ces stress plus subtils feront, par exemple, que l'enfant manquera d'appétit, pleurera beaucoup, sera irritable et aura des selles moins fermes. On dira que c'est un enfant « à coliques ». Je crois plutôt que ces conduites sont liées à des insuffisances mineures de l'hypothalamus de l'enfant, ou plus vraisemblablement de son système nerveux autonome qui en dépend directement, dues au stress.

Disons, pour simplifier, que le système nerveux autonome assure le fonctionnement régulier et efficace de notre environnement interne sans aucune intervention consciente de notre part. Si je me mets à courir ou à faire un travail pénible, mon système nerveux autonome adapte automatiquement ma respiration; si j'entre dans une pièce chaude un jour où il fait froid, il apporte les rectifications nécessaires à la température de mon corps. Il règle également la digestion et les processus d'élimination; si, pour une raison ou une autre, le système nerveux autonome ou son centre de contrôle, l'hypothalamus, fonctionnent mal, des troubles gastro-intestinaux ou des problèmes d'élimination peuvent se produire. C'est pourquoi il me semble qu'un grand nombre de cas de détresse gastrique après la naissance, apparemment rebelles à tout diagnostic, ont pour origine des troubles de l'hypothalamus ou du système nerveux autonome. C'est aussi l'opinion du Dr Sontag.

Il faisait observer, dans un article écrit il y a quelques années, qu'un système nerveux autonome irritable ou hyperactif pouvait très vraisemblablement provoquer « des troubles de la motilité, du tonus et du fonctionnement gastro-intestinal ». Ou, comme il le déclarait encore plus nettement dans un autre article, « parce que l'irritabilité de l'enfant met en jeu son contrôle du transit gastro-intestinal, il a des selles inhabituellement fréquentes, vomit ses repas et se montre d'une façon générale insupportable ».

Si cet ensemble de facteurs n'entraîne pas automatiquement des troubles alimentaires, il est très souvent à l'origine, en revanche, de problèmes du comportement. Un enfant doté d'un système nerveux autonome irritable et surchargé aura tendance à faire preuve de nervosité; il sera agité, hyperactif et n'arrêtera pas de bouger. Avant la naissance, les signes annonçant ce type de comportement consistent précisément dans la turbulence excessive dont faisaient preuve ces jeunes enfants timides et anxieux dont je parlais plus haut et qui, avant la naissance, manifestaient une activité beaucoup plus importante que celle du groupe témoin. Du fait de leur perpétuelle agitation in utero, ces enfants ont souvent à la naissance un poids inférieur à la moyenne. Or, en analysant les résultats scolaires, on a pu constater qu'il existait une corrélation entre un faible poids à la naissance et des difficultés lors de l'apprentissage de la lecture.

Comme la plupart des autres disciplines, la lecture exige un certain degré d'intelligence et réclame aussi une certaine capacité d'endurance. On peut donc penser qu'une des raisons expliquant les difficultés rencontrées par les enfants pesant un faible poids à la naissance est leur manque de concentration et leur incapacité de rester en place suffisamment longtemps pour apprendre. Autrement dit, leurs problèmes de lecture reflètent leurs problèmes de comportement. Cette corrélation apparaît d'une façon particulièrement frappante dans une étude réalisée en Grande-Bretagne à l'échelon national sous le patronage du gouvernement et portant sur le développement de l'enfant. Ce projet de recherche a montré que non seulement les enfants pesant à la naissance un poids inférieur à la normale progressaient moins vite que leurs condisciples dans l'apprentissage de la lecture, mais aussi qu'ils étaient souvent rangés dans la catégorie « enfants difficiles » ou « à problèmes » par leurs éducateurs. Mais ce n'est pas tout. Si des facteurs comme le sexe, la place occupée dans la famille, le fait que la mère fume, ou encore l'âge de celle-ci au moment de la grossesse, peuvent être liés à des difficultés dans l'apprentissage de la lecture ou à des problèmes du comportement, une des rares variables à être toujours présente dans ces problèmes est précisément un faible poids à la naissance.

Quitte à courir le risque de trop simplifier, je résumerai les observations que je viens de citer par la formule suivante : une sécrétion neurohormonale excessive chez la mère crée une surcharge du système nerveux autonome qui, à son tour, entraîne un faible poids à la naissance, et/ou des troubles digestifs, et/ou des difficultés dans l'apprentissage de la lecture, et/ou des problèmes du comportement.

On pourrait encore ajouter, quoique à un niveau plus hypothétique : « Un excès de progestérone et/ou d'œstrogènes chez la mère entraîne des déséquilibres dans le système nerveux et le cerveau du fœtus, qui sont à leur tour à l'origine de troubles dans la formation de la personnalité. » Dans ce cas, cependant, les problèmes de la personnalité ne seraient pas liés à l'hyperactivité, mais au comportement rattaché au sexe et au rôle. Comme je l'ai dit, cette équation, fondée sur des recherches très récentes, relève de l'hypothèse.

La progestérone et les œstrogènes sont présents

dans le sang d'une femme enceinte. Leur quantité respective dépend d'un équilibre complexe de signaux entre le système nerveux autonome de la femme et son système nerveux central. Ces signaux, et par conséquent le flux de progestérone et d'œstrogènes, sont commandés par ce qu'elle pense, ce qu'elle éprouve, ce qu'elle fait ou ce qu'elle dit. Bref, comme les autres hormones, celles-ci sont en dernier ressort réglées par ses émotions. Or une étude récente, réalisée par des chercheurs de l'université d'État de New York (SUNY), a soudain donné une résonance tout à fait nouvelle à ce qu'on savait déjà depuis longtemps.

Jusqu'au début des années 1970, on utilisait les œstrogènes ou une association d'œstrogènes et de progestérone pour empêcher les avortements spontanés. Les États-Unis interdirent l'utilisation de ces médicaments à de telles fins en raison des dangers physiques que présentait cet apport hormonal. Mais le rapport SUNY fut le premier à montrer que cette thérapeutique s'accompagnait aussi de dangers psychologiques. Les femmes enceintes à qui on avait administré l'un de ces agents, ou les deux associés, pendant leur grossesse mettaient au monde des enfants qui se caractérisaient par des traits féminins accentués. La différence était surtout sensible chez les filles qui faisaient preuve d'un goût marqué pour tout ce que les filles sont censées aimer – un certain style de vêtements, par exemple – et rien de ce qu'elles sont censées détester, mais qu'il leur arrive souvent de trouver à leur goût, comme le base-ball. Les garçons ayant reçu cet apport hormonal étaient également jugés plus « féminins » et moins athlétiques, mais montraient cependant des différences de comportement moins tranchées. On observait aussi un autre élément intéressant dans le groupe masculin : le lien entre le dosage d'hormones injecté et le comportement. Les garçons exposés à une association d'œstrogènes et de progestérone présentaient des traits plus féminins que ceux exposés aux seuls œstrogènes.

Les femmes qui couraient le risque d'avorter recevaient un apport d'hormones considérablement plus important que le taux habituellement présent dans le sang.

Ces observations confirment ce que j'ai soutenu jusqu'ici : des quantités excessives d'hormones maternelles *spécifiques* produisent des modifications de personnalité *spécifiques*, d'origine organique, chez l'enfant avant la naissance. Dans cet exemple précis, les hormones provenaient d'une source extérieure; dans la plupart des autres cas, elles sont produites directement par la mère.

Heureusement, les empreintes physiologiques ne condamnent pas l'enfant à un modèle de développement de la personnalité unique et rétréci. Le processus que je viens de décrire touche tous les circuits neurologiques, et il est indiscutable que ces circuits sont extrêmement sensibles à un mauvais fonctionnement dû aux surcharges ou aux insuffisances de charge, ou encore aux illogismes. De toute évidence, des sentiments essentiels, comme l'amour et le rejet, ont des répercussions sur l'enfant avant la naissance, et très tôt. Mais à mesure que son cerveau se développe, les sensations et les sentiments primitifs se transforment en des pensées-sentiments plus complexes pour aboutir enfin aux idées. Rappelez-vous, notre preuve la plus solide montre que les premières manifestations d'une conscience fœtale apparaissent seulement après que l'enfant a largement entamé le deuxième trimestre de sa gestation. Un choc émotionnel grave éprouvé au troisième ou au quatrième mois peut modifier le développement neurologique du fœtus, mais jusqu'au sixième mois, les répercussions sur lui seront principalement, sinon en totalité, d'ordre physique. Jusqu'à cette période, le contenu cognitif lié au stress n'est que minime car le cerveau de l'enfant n'a pas atteint une maturité suffisante pour traduire par une émotion le message maternel. L'émotion ne fait pas seulement entrer en ligne de compte une sensation : elle donne à celle-ci une signification. La rage, par exemple, est un sentiment archaïque. C'est seulement quand elle reçoit son tonus et sa définition dans les centres supérieurs du cerveau qu'elle devient une émotion complexe. Pour créer une émotion, l'enfant doit être capable, à un niveau ou à un autre, de percevoir un sentiment, d'en comprendre la signification et de réagir de façon appropriée. Bref, pour transformer une émotion en sensation, un processus de perception est nécessaire. Ce qui sous-entend que le fœtus est capable d'effectuer des estimations mentales assez compliquées; il y parvient vers le sixième mois. A ce stade de son développement, à mesure qu'il prend conscience de lui-même en tant que moi et peut convertir ses sensations en émotions, il commence à être de plus en plus modelé par le contenu *purement émotionnel* des messages maternels.

Tandis que sa capacité à différencier et effectuer des distinctions augmente, son propre développement émotionnel gagne en complexité. Il ressemble à un ordinateur continuellement reprogrammé. D'abord, il ne peut résoudre que de très simples équations émotionnelles. A mesure que sa mémoire et son expérience s'amplifient, il devient peu à peu capable de faire des rapprochements plus subtils et plus différenciés. A trois mois de la gestation, des messages maternels aussi compliqués que l'ambivalence ou la froideur lui échappent en grande partie, bien que, à un niveau primitif, il puisse éprouver une sensation plus ou moins voisine de l'inconfort. Mais au moment de la naissance, le nouveau-né est suffisamment mature pour pouvoir réagir aux sentiments maternels avec une grande précision et élaborer des réponses physiques, émotionnelles et cognitives. Dans les études que nous avons examinées, par exemple, la détresse éprouvée par les enfants rejetés se manifeste avec une clarté frappante dans le nombre inhabituellement élevé de difficultés physiques et comportementales qu'ils présentent. L'ambiguïté des mères indifférentes ou ambivalentes apparaît dans leurs réponses indécises; ce groupe n'est pas vraiment malade, mais pas très bien portant non plus.

Comme le sait n'importe quel élève de terminale, les choses vivantes évoluent en allant du simple au complexe. Sur le plan physique, de la même façon qu'il passe en neuf mois du stade de minuscule fragment de protoplasme indifférencié à celui de créature extrêmement définie, pourvue d'un cerveau complexe, d'un système nerveux et d'un corps, l'enfant in utero passe, au plan émotionnel, de l'embryon incapable de sensations à un être capable d'enregistrer et de décoder des sentiments et des émotions enchevêtrés et nuancés.

Ce processus de développement s'appelle aussi *formation de la personnalité* ou du moi. Le moi est la somme de ce que, en tant qu'individus, nous pensons et ressentons à notre propre sujet; nos forces, pulsions, désirs, notre vulnérabilité et notre insécurité sont autant d'éléments qui concourent à modeler ce moi distinct qu'est chacun d'entre nous. Dès que l'enfant est capable de souvenirs et de sentiments, en d'autres termes dès qu'il est marqué par l'expérience, son moi commence à se former.

Comme je l'ai rappelé, Freud croyait que la personnalité de l'enfant commençait à fonctionner entre la deuxième et la quatrième année de sa vie, hypothèse assez raisonnable compte tenu de l'état des connaissances de l'époque. Nous en savons davantage aujourd'hui sur les premiers mois de la vie – au plan physique, psychologique et neurologique – que Freud n'aurait pu même deviner. Pourtant, et l'on peut s'en étonner, seule une part infime de ces découvertes a été prise en compte par les théories actuelles sur la formation de la personnalité in utero, et il faudra probablement une bonne dizaine ou vingtaine d'années avant que ce domaine soit retenu par la psychiatrie. Les mécanismes de l'élaboration du moi, cependant, ont été amplement répertoriés ; la seule chose qui nous reste à faire aujourd'hui est d'apprendre à les appliquer à la période prénatale.

Le fœtus atteignant un degré suffisant de maturité au deuxième trimestre de son existence, j'estime pour ma part que sa personnalité commence à fonctionner au cours de cette période ; quand exactement, je l'ignore. Son système nerveux est en effet capable de transmettre les sensations aux centres nerveux supérieurs du cerveau. Ces messages essentiellement physiologiques sont importants car ils stimulent le développement neurologique requis pour effectuer par la suite des tâches plus compliquées. Disons, par exemple, qu'une journée particulièrement épuisante pour la mère fatigue son enfant. Cette fatigue produit chez celui-ci un sentiment primitif d'inconfort, qui active son système nerveux; il essaie de saisir la signification de ce sentiment et, ce faisant, utilise son cerveau. Après un certain nombre d'épisodes de ce type, ses centres de perception sont suffisamment exercés pour être capables de décoder des messages maternels plus complexes et plus subtils. (Comme tout le monde, le fœtus a besoin de s'entraîner.)

Afin de montrer comment ce processus s'enclenche in utero, je prendrai une émotion banale de la mère – l'anxiété – et décrirai de quelle façon elle agit sur la formation du moi, ou de la personnalité.

L'anxiété est, dans une certaine mesure, bénéfique au fœtus. Elle perturbe le sentiment qu'il a de ne faire qu'un avec ce qui l'entoure et lui fait prendre conscience d'être une entité distincte, séparée, de ce milieu ambiant. Il n'aime pas être excité, dérangé ou perturbé par des messages bruyants et il éprouve un sentiment d'inconfort qui l'incite à donner des coups de pied, à gigoter et à élaborer progressivement des techniques pour échapper à cet état d'anxiété, bref il commence à mettre en place un ensemble de mécanismes de défense. Ce faisant, sa perception de l'anxiété et des parades possibles devient de plus en plus complexe. Ce qui n'était au départ qu'une impression confuse et déplaisante, perçue simplement comme quelque chose d'inconfortable, se transforme au fil des mois en une expérience très différente. Ce sentiment diffus devient une émotion, il a une source (la mère), il provoque la formation d'idées sur les intentions de la source à son égard, il l'oblige à chercher le moyen de réagir à ces intentions, enfin il crée une réserve de souvenirs à laquelle l'enfant pourra se reporter plus tard.

La colère se construit d'une façon analogue, bien que les racines en soient différentes. Nous savons que le nouveau-né émet un cri de « rage » particulier, notamment quand on restreint sa capacité de mouvement. Empêchez-le de bouger un bras ou une jambe, et il hurlera de fureur. Il est presque certain qu'il ressent les contraintes apportées à son comportement de la même façon qu'*avant* la naissance. Si sa mère s'assied ou s'allonge dans une position inconfortable pour lui, il est perturbé. Des sons déplaisants – les vociférations d'un père en colère, par exemple – suscitent les mêmes réactions. Mais comme l'anxiété, la colère à petites doses stimule le développement de l'enfant en accélérant l'élaboration de rapprochements intellectuels involontaires. Si on l'empêche de bouger, l'enfant apprend quelque chose sur le rapport de cause à effet : la façon dont sa mère est assise ou allongée provoque chez lui des crampes, donc le met en colère – et nous avons là un modèle annonçant déjà la pensée proprement humaine.

Certaines formes de dépression peuvent avoir aussi une origine intra-utérine. Habituellement, elles sont produites par une perte importante. Pour une raison ou pour une autre, maladie ou distraction – une mère prive de son amour et de son soutien l'enfant qu'elle porte ; cette perte plonge celui-ci dans un véritable état dépressif. Vous pouvez en constater les effets chez un nourrisson apathique ou un adolescent de seize ans complètement « en dehors du coup » ; car, au même titre que les autres modèles émotionnels fixés dès la période de gestation, la dépression peut faire souffrir l'enfant sa vie durant. C'est pourquoi les dépressions du nouveau-né sont devenues récemment une des préoccupations majeures de la psychiatrie. De plus, des sentiments comme la dépression, la colère et l'anxiété, contribuent au développement de la conscience et de la perception de soi. Le psychiatre hollandais Lietaert Peerbolte décrivait d'une jolie façon ce processus : « Voir, disait-il, est une interruption de la vision », une métaphore séduisante et particulièrement bien trouvée puisque l'état normal de l'enfant in utero est comparable à la vision : neutre et sans accommodation. Voir, pour reprendre la définition de Peerbolte, est ce qui se produit quand une intrusion extérieure dérange brutalement cette sérénité fœtale. L'enfant est alors dans la même situation que le promeneur qui contemple le paysage quand son regard tombe, à l'improviste, sur la flèche d'un beau clocher dans le lointain. De la même façon que la vue de ce clocher attire l'attention du promeneur, éveille en lui un sentiment et laisse une trace dans sa mémoire, l'intrusion d'un élément extérieur oblige l'enfant à sortir de sa neutralité, concentre son attention, éveille une émotion et, comme n'importe quel autre incident inhabituel ou exceptionnel, s'imprime dans sa mémoire. Le Dr Peerbolte croit, comme moi, que lorsque le nombre de ces moments et de ces souvenirs atteint un certain seuil, ceux-ci se fondent dans la conscience de soi en fonction d'un phénomène de cristallisation très voisin de celui de particules d'eau quand la température tombe au-dessous de zéro.

Comme toutes les bonnes théories, celle-ci a le mérite d'expliquer les nombreux éléments disparates qui concourent à la formation de la personnalité. Non seulement l'hypothèse du Dr Peerbolte montre comment le moi se forme in utero, mais quel est le rôle joué par les émotions de la mère dans l'élaboration du moi. Si les mères aimantes et entretenant avec leur futur bébé une relation affectivement riche mettent au monde des enfants plus confiants en eux et plus sécurisés, c'est parce que la chaleur et l'amour ont présidé à la crise de conscience de leur moi. De la même façon, si des mères malheureuses, déprimées ou ambivalentes mettent au monde des enfants présentant un taux plus élevé de névroses, c'est parce que leur personnalité s'est structurée dans un climat de peur et d'angoisse. Aussi n'est-il pas étonnant que ces enfants, s'ils ne sont pas aidés, deviennent souvent des adultes anxieux et fragiles au plan émotionnel.

Le Dr Paul Bick, un médecin allemand pionnier de l'hypnothérapie, eut récemment à soigner un patient qui cadrait parfaitement avec cette description. L'intéressé se plaignait de graves crises d'angoisse accompagnées de bouffées de chaleur. Afin d'en découvrir la source, le Dr Bick mit son patient en état d'hypnose. Celui-ci explora lentement les mois qui avaient précédé sa naissance, se rappelant des incidents précis qu'il racontait d'une voix calme et égale, jusqu'au moment où il atteignit le septième mois. Là, soudain, sa voix s'étrangla et il commença à s'affoler. De toute évidence, il était arrivé à l'expérience qui était devenue le prototype de son problème. Il disait avoir terriblement chaud et peur. Pourquoi ? La mère du patient apporta la réponse quelques semaines plus tard ; au cours d'un entretien long et pénible avec le médecin, elle avoua avoir essayé d'avorter au septième mois de sa grossesse en prenant des bains chauds.

Ce que nous connaissons du comportement du fœtus s'inscrit également dans la théorie du Dr Peerbolte. Si, dans les mois précédant la naissance, le comportement de l'enfant devient de plus en plus élaboré et orienté, c'est parce qu'un moi conscient le guide ; ce moi s'appuie sur la banque de données, sans cesse plus importante, de la mémoire et en tire ce dont il a besoin, que ces souvenirs soient conscients

L'émergence du moi

ou, comme c'est le plus souvent le cas, inconscients. Le patient du Dr Bick, par exemple, ne se rappelait pas l'origine de ses crises d'angoisse, mais la douleur qui naissait de cette source n'en était pas moins réelle, et vingt ans plus tard sa conduite était encore conditionnée par un souvenir intra-utérin enfoui au plus profond de la mémoire, mais puissant. Nous avons tous des souvenirs perdus capables d'exercer sur notre vie, depuis les strates qui les occultent – celles de l'inconscient –, une influence considérable.

Il y a quelques années un neurochirurgien canadien, Wilder Penfield, en apportait précisément la preuve dans une série d'expériences cliniques audacieuses. A partir de la stimulation électrique des aires temporales du cerveau *, le Dr Penfield réussit à faire revivre à plusieurs patients les émotions produites par une situation ou un événement oubliés depuis longtemps. Le patient, notait-il dans son compte rendu, « ne se rappelle pas seulement des images photographiques ou phonographiques de scènes ou d'événements passé [...] Il éprouve les émotions que la situation avait éveillées en lui [...] ce qu'il voyait, entendait, sentait et comprenait ». C'est pourquoi les agressions, les échecs et les conflits oubliés depuis longtemps continuent à nous tirailler. Mais nos souvenirs le plus profondément enfouis conservent des résonances émotionnelles et celles-ci exercent sur nous une influence qui nous déconcerte ou souvent nous trouble.

J'en prendrai pour exemple une histoire que

---

* Le cerveau ne comportant pas de fibres sensibles à la douleur, le Dr Penfield pratiquait ses expériences sur des patients conscients. Pendant cette opération, il stimulait avec des sondes électriques les diverses régions du cerveau.

racontait un de mes collègues, le Dr Gary Maier. Un de ses patients, un homme doux et de tempérament inquiet que j'appellerai Fred, eut un souvenir étrange, un jour qu'il était sous médicaments. Au beau milieu d'une séance d'analyse, il commença soudain à décrire une pièce close. Il dit qu'il s'y trouvait déjà depuis un moment et qu'il s'y plaisait, mais l'atmosphère était en train de changer ; la pièce s'était remplie de gens qui l'entouraient soudain et le désignaient d'un doigt accusateur. Il éprouvait un sentiment de colère et de crainte, et ne savait que faire. Ni le médecin ni le patient ne comprenaient la signification de ce récit somme toute effrayant. Mais la curiosité de Fred était éveillée et quelques jours plus tard, il parla de cette scène à sa mère. Celle-ci résolut le mystère. L'histoire de Fred n'était rien d'autre qu'un souvenir intra-utérin légèrement, très légèrement déformé. La scène qu'il décrivait avait été bel et bien vécue par sa mère quand elle était enceinte, et l'incident aussi traumatisant et humiliant que ce qu'avait ressenti Fred. Elle se trouvait dans une pièce remplie de monde à l'occasion d'une réception, quand un incident pénible s'était produit. Apprenant qu'elle attendait un enfant illégitime, plusieurs de ses « amis » l'avaient entourée et s'étaient mis à la taquiner sur sa « conduite honteuse » devant les autres invités.

Il devrait être maintenant clair que nous disposons de suffisamment d'informations sur la façon dont les événements et les situations structurent notre personnalité. Nous savons que l'amour et des soins attentifs sont essentiels au développement d'un moi fort, une qualité que l'anxiété et le stress éprouvés par la mère mettent en péril à presque tous les niveaux. En revanche, nous ignorons le moment exact où des événements antérieurs à la naissance produisent des traits de personnalité précis. Reprenons l'exemple de la mort du conjoint. Les observations cliniques montrent que cet événement a des répercussions spectaculaires sur la personnalité de l'enfant avant la naissance. Cependant, exception faite de l'étude finlandaise que nous évoquions au début de ce chapitre, les conséquences à long terme d'une telle perte n'ont jamais été examinées de près. Des émotions maternelles comme l'anxiété, la crainte et l'ambivalence ont fait l'objet d'innombrables analyses, mais ces études s'arrêtent presque toujours à la naissance ou aux quelques semaines qui suivent. Les rares travaux qui ont tenté d'évaluer les effets à long terme d'expériences intra-utérines ou directement liées à la naissance sur les résultats scolaires ultérieurs de l'enfant ne sont pas allés suffisamment loin pour être d'un grand secours.

Car, en fait, ces rapports nous disent vraiment très peu de chose sur les raisons qui font qu'un enfant obtient de meilleurs résultats en classe que ses camarades, ou sur les événements et les situations qui ont produit ce moi non perturbé, stable, si essentiel pour réussir à l'école comme dans la vie. Ils ne disent pas non plus, or c'est un point capital, quel rôle jouent le vécu intra-utérin et celui de la naissance dans la structuration – ou la destruction – de la stabilité du moi.

Un jour viendra peut-être où nous disposerons de cette information. En attendant, nous pouvons puiser quelques indications dans les résultats d'une étude pilote dont je fus chargé en 1979. C'était une entreprise modeste, portant sur un échantillon très circonscrit (des patients ayant commencé une psychothérapie faisant appel à la psychologie des profondeurs.) Les résultats n'en constituent pas moins des indicateurs importants permettant de prévoir le comportement ultérieur.

J'avais organisé mes recherches autour de deux grandes catégories : les événements antérieurs à la naissance, et les expériences de la naissance proprement dite (que nous examinerons séparément dans un autre chapitre). Puis il m'est apparu que l'interprétation serait plus facile si je subdivisais ces deux catégories en unités plus simples : les événements objectifs et les sentiments subjectifs, ce qui permettait d'opérer une distinction entre ce par quoi les gens croyaient être influencés et ce qui les influençait réellement.

Comme il est prévisible avec un groupe de patients en psychothérapie, la période précédant la naissance de ces sujets et la naissance elle-même constituaient un lourd dossier ; soixante-six pour cent d'entre eux déclaraient que leur mère avait été soumise à un stress considérable pendant la grossesse, quarante-sept pour cent qu'elle était profondément malheureuse. Pourtant, cinquante-cinq pour cent affirmaient avoir été des enfants désirés, contre quarante-cinq pour cent selon qui leur mère ne souhaitait pas cette naissance. Quant aux pères, les chiffres étaient sensiblement les mêmes : cinquante et un pour cent des sujets auraient été souhaités par leur père, contre quarante pour cent, persuadés du contraire. Deux pères sur trois auraient préféré avoir un garçon. Enfin, la plupart des sujets étant nés au plus fort de l'allaitement artificiel, c'est-à-dire dans les années 1940 et 1950, très peu avaient été nourris par leur mère ; seize pour cent seulement disaient avoir été mis au sein après la naissance.

Les résultats de la section « subjective » étaient

particulièrement révélateurs. Parmi les sentiments intra-utérins, celui de paix venait en tête (quarante-trois pour cent), suivi néanmoins de très près par l'anxiété (quarante et un pour cent). On relevait un nombre important de souvenirs de naissance traumatisants; plus de soixante pour cent des sujets déclaraient se rappeler un sentiment d'étouffement pendant la naissance, et plus de quarante pour cent mentionnaient des douleurs à la tête, au cou et aux épaules. Compte tenu des particularités de l'échantillon, je pense que ces chiffres peuvent être légèrement modulés; un échantillon plus courant aurait probablement présenté un taux moins élevé de souvenirs perturbants liés à la période intra-utérine ou à la naissance. Mais un des avantages présentés par l'étude d'un groupe en psychothérapie consiste dans l'effet de grossissement, qui accentue les corrélations et permet de les analyser plus facilement. C'est ainsi que soixante-quinze pour cent des sujets se disaient introvertis et soixante-cinq pour cent déclaraient se sentir, au moment où on les interrogeait, en colère, déprimés ou anxieux.

Ces derniers chiffres nous amènent au cœur même de l'étude, c'est-à-dire à l'analyse de l'expérience prénatale comme origine de l'insatisfaction ultérieure. Le facteur essentiel, et qui prime sur tous les autres, est l'attitude de la mère. Les informations recueillies montrent que le sujet a toutes les chances de devenir un adulte stable si sa mère souhaite sa naissance. On note également une correspondance très nette entre l'attitude de la mère à l'égard de sa grossesse et la sexualité de son enfant adulte. D'une façon générale, plus la mère exprime une attitude positive, plus son fils ou sa fille arrive à l'âge adulte avec une sexualité saine.

Il faut souligner, toutefois, qu'une attitude positive à l'égard de la grossesse *associée* au fait de mettre au monde un enfant du sexe désiré constitue la combinaison la plus favorable au développement harmonieux de la personnalité. Chez les hommes comme chez les femmes, cette combinaison réduit l'incidence de dépressions et de colères irrationnelles, et s'accompagne d'une meilleure adaptation. Quant au fait qu'un homme, dont la mère souhaitait avoir une fille et dut « se contenter » de ce fils, ait moins à souffrir des répercussions à long terme de cette déception, il en dit long sur notre société.

Comme beaucoup d'autres études, celle-ci faisait aussi apparaître une corrélation très nette entre un excès de tabac chez la mère et une conduite névrotique, encore que je doute que le fait de fumer constitue en soi la raison pour laquelle ces deux variables sont toujours étroitement liées : une femme enceinte devrait fumer une quantité énorme de cigarettes pour produire une conduite névrotique d'origine organique chez son enfant. Idem avec l'alcool, et bien que les effets de l'alcool sur le fœtus soient infiniment plus graves que ceux du tabac, je crois, là encore, que ce sont les raisons de cet excès qui sont déterminants. La femme boit trop parce qu'elle est perturbée et, comme avec les cigarettes, ce sont ses sentiments négatifs qui nuiront réellement à son enfant.

L'un des corrélats les plus intéressants mis en évidence par cette étude est le lien qui existe entre les sentiments intra-utérins subjectifs et le comportement sexuel adulte. Comme nous avons pu l'observer, les individus qui se rappelaient avoir été terrifiés in utero se montraient nettement moins sûrs d'eux sur le plan sexuel et plus enclins à présenter des difficultés,

L'émergence du moi

alors que ceux pour qui l'utérus avait constitué un abri agréable et paisible faisaient preuve d'une meilleure adaptation sexuelle.

Cela s'explique, je pense, par le fait que les goûts sexuels d'un individu expriment la façon dont il a appris à se percevoir avant la naissance. Si cette hypothèse est correcte, il en ressort que cette étude mesurait moins les attitudes sexuelles que les éléments qui les modèlent. Un individu qui se définit comme ouvert et bien équilibré se percevra, en général, de la même façon sur le plan sexuel; un autre ayant de lui, en revanche, une image marquée par la colère et le ressentiment transposera ces éléments dans sa vie sexuelle.

Si je semble trop m'attarder dans ce chapitre sur l'aspect négatif des pensées et des sentiments de la mère, c'est tout simplement parce que jusqu'ici les émotions négatives de la mère ont été davantage étudiées que les émotions positives, par exemple la relation enrichissante de la mère au fœtus. Je crains que nous autres, médecins, ne nous penchions avec un enthousiasme excessif sur tout ce qui est morbide et pathologique, en oubliant ce qui est sain et alimente la vie. Il est temps d'insister sur les facteurs positifs qui entrent en jeu dans la structuration du moi. L'étude que j'ai réalisée a, en effet, mis en évidence d'autres facettes du sentiment maternel – le fait, par exemple, d'avoir l'enfant non seulement désiré, mais aussi du sexe souhaité –, qui ont des conséquences psychologiques *positives*. Il existe une infinité de facteurs de cet ordre, et nous allons voir les bienfaits qui en découlent pour l'enfant avant la naissance.

Chapitre 4

L'ATTACHEMENT À LA MÈRE IN UTERO

Il y a quelques années, je suis tombé par hasard sur le livre d'un pédiatre suisse, le Dr Stirnimann. Cet ouvrage était tout simplement remarquable. Le sujet qu'il traitait – les cycles de sommeil chez le nouveau-né – n'avait rien de nouveau : les bibliothèques médicales abondent en littérature sur ce thème. L'originalité de cette étude venait de ce que, au lieu de faire partir, comme les autres chercheurs, ses observations de la naissance, l'auteur reculait d'un cran et commençait à la période intra-utérine.

Cette approche inédite changeait tout. Si le nouveau-né dort à certains moments plutôt qu'à d'autres, expliquait le pédiatre, c'est pour une raison très simple et qui n'a rien à voir avec les horaires des tétées, les habitudes de la clinique ou quoi que ce soit intervenant après la naissance. Les cycles de sommeil de l'enfant sont fixés plusieurs mois avant celle-ci, in utero, par la mère. Dans son étude, le Dr Stirnimann prouvait le bien-fondé de sa théorie avec une sobriété exemplaire. Il avait choisi deux groupes de femmes enceintes ayant des habitudes de sommeil différentes – des lève-tôt et des couche-tard – et étudié les cycles de sommeil de leurs nourrissons. Son intuition se trouva confirmée : les « lève-tôt » mettaient au monde des bébés qui se réveillaient tôt le matin, les « couche-tard » des bébés qui s'endormaient tard le soir.

Cet exemple presque parfait de l'existence d'un lien mère-enfant avant la naissance – car c'est encore l'expression qui rend le mieux compte du phénomène – retint mon attention. Un simple déplacement dans le temps avait en effet permis au Dr Stirnimann de montrer que l'enfant avant la naissance est capable d'accorder ses rythmes à ceux de sa mère, cela aussi précisément que peut le faire un nouveau-né.

Bien sûr, nous savons déjà combien la formation de ce lien entre la mère et l'enfant est vitale pour le nouveau-né. Les nourrissons chez qui l'on observe cette synchronisation sont en général des bébés qui se développent bien. Mais c'est une adaptation complexe, et le fait que tant de mères et d'enfants soient à même d'y parvenir avec autant de précision dès la naissance m'a toujours intrigué.

Les observations récentes ont montré que les réactions de la mère sont biologiquement déterminées. Il n'en demeure pas moins qu'on peut se demander comment ces deux êtres à première vue étrangers parviennent à un accord aussi élaboré et impeccablement synchronisé sans avoir pu au moins bénéficier d'une répétition préalable.

L'étude du Dr Stirnimann faisait apparaître que plusieurs mois avant la naissance, la mère et l'enfant commençaient déjà à harmoniser leurs rythmes et leurs réactions réciproques. D'où la conclusion qui semblait s'imposer : la formation du lien entre la mère et l'enfant après la naissance, que l'on avait toujours étudiée comme un phénomène unique et isolé, était en fait la continuation d'un processus d'attachement déjà enclenché longtemps avant la naissance, in utero.

Un éminent pédiatre de Harvard, T. Berry Brazelton, l'avait déjà laissé entendre. A l'occasion d'un colloque ayant pour thème la formation de l'attachement entre la mère et l'enfant, il avait émis l'hypothèse que les mères et les enfants qui harmonisaient ainsi leurs rythmes immédiatement après la naissance utilisaient peut-être un système de communication mis en place pendant la période de gestation. Cette théorie se trouva amplement confirmée quelques années plus tard par les travaux d'une équipe de biologistes de la City University de New York. Bien sûr, ils partaient d'observations pratiquées sur des animaux et non sur des êtres humains, mais le système de communication intra-utérine qu'ils découvrirent chez la poule et son poussin encore dans l'œuf présentait de nombreuses analogies avec celui mis en évidence par le Dr Brazelton. Il s'organisait à partir d'un ensemble de signaux compliqués et très différenciés * et contribuait, comme il le pensait, à l'adaptation post-natale. Les poussins couvés par leur mère réagissaient mieux aux signaux des adultes et s'adaptaient plus facilement à leur nouvel environnement que ceux qui avaient été mis en couveuse artificielle.

Il est donc justifié de penser que s'il existe un tel système à un niveau assez bas de l'échelle de l'évolution, un système analogue, quoique considérablement plus complexe, est également en place chez l'homme. Plusieurs études récentes viennent étayer cette hypothèse. Les chercheurs ont découvert l'exis-

---

* Les chercheurs constatèrent que le poussin émettait des signaux de détresse ou de bien-être très précis et que la poule réagissait en fonction de ces signaux. Par exemple, un signal de détresse produisait chez celle-ci un bruit ou un mouvement rassurant qui calmait instantanément le poussin effrayé.

tence d'un lien intra-utérin au moins aussi complexe, nuancé et subtil que la structure relationnelle qui se met en place après la naissance. Cette relation appartient à un même continuum vital et l'attachement qui se forme après la naissance n'est que le développement et la conséquence de ce qui a précédé.

Une fois qu'on a pris conscience de ce processus, on comprend pourquoi le nouveau-né est capable, après la naissance, de performances aussi étonnantes. Ses réponses aux gestes tendres de sa mère, à ses caresses, à ses regards et aux autres signaux partent de la longue connaissance qu'il a pu avoir d'elle pendant la période de gestation. Car, après tout, percevoir le corps de sa mère et réagir au langage de ses yeux est une tâche relativement aisée pour une créature qui s'est exercée à la lecture des signaux maternels in utero et a aiguisé ses facultés sur l'entreprise autrement difficile que représente leur compréhension. Les études réalisées par le Dr Lukesch et le Dr Rottmann ont apporté la preuve des admirables capacités d'apprentissage du fœtus. Un exemple encore plus remarquable de la relation mère-fœtus nous est fourni par la communication que fit un éminent obstétricien autrichien, le Dr Gerhardt Reinold, lors d'une réunion récente de la Société internationale de psychologie prénatale. Bien que traitant des réactions du fœtus aux émotions de la mère, cette communication a également mis en évidence le processus par lequel le fœtus est amené à participer progressivement et activement à la formation du lien intra-utérin.

Comme l'étude du Dr Stirnimann, celle-ci était d'une simplicité désarmante. On demanda à des femmes enceintes de s'allonger à plat ventre sous un appareil à ultrasons pendant vingt à trente minutes. Le Dr Reinold omit seulement de dire aux intéressées que, dans cette position, l'enfant se calme et cesse lui aussi de bouger. Une fois l'enfant immobile, on fit remarquer à la mère qu'il ne bougeait plus. La terreur produite par cette information était attendue et voulue. Le but du Dr Reinold était de mesurer la rapidité avec laquelle l'enfant enregistrait la peur de sa mère et comment il y réagissait. Chaque fois, il put observer que cette réponse était presque immédiate. Quelques secondes après que la femme eut appris que son enfant ne bougeait plus, celui-ci, visible sur un écran, se mettait en mouvement. Aucun des fœtus observés n'était en danger, mais dès qu'il percevait la détresse maternelle, il commençait à donner de vigoureux coups de pied.

Il est très probable que la réaction des fœtus était due à l'accroissement du taux d'adrénaline produit par la mère à la suite de la remarque du Dr Reinold; mais en partie seulement. A un autre niveau, ces enfants réagissaient « par sympathie » à la détresse de leur mère.

Un autre enfant, que j'appellerai Kristina, nous donne un exemple encore plus étonnant de cet attachement intra-utérin. C'est le Dr Peter Fedor-Freybergh qui m'en parla; cet ami d'enfance est aujourd'hui professeur d'obstétrique et de gynécologie à l'université d'Uppsala, en Suède, et l'un des obstétriciens européens les plus renommés.

Tout avait bien commencé. A la naissance, Kristina était un bébé robuste et bien portant. Et puis un phénomène étrange se produisit. Les nouveau-nés, au moment où se forme l'attachement avec la mère, ont invariablement le même réflexe : ils cherchent le sein maternel. Or, sans qu'on pût s'expliquer pourquoi,

Kristina refusa le sein de sa mère. Chaque fois qu'on le lui présentait, elle détournait la tête. Peter crut d'abord que l'enfant était malade, mais en voyant un peu plus tard, dans la nursery, Kristina se jeter sur un biberon de lait condensé, il pensa que sa réaction était une simple aberration passagère. Il se trompait. Le lendemain matin, quand on l'amena dans la chambre de sa mère, Kristina refusa de nouveau le sein, et cela pendant plusieurs jours.

Inquiet, mais aussi intrigué, Peter eut l'idée d'une petite expérience. Il parla à une autre de ses accouchées du comportement inexplicable de Kristina et celle-ci accepta d'essayer de nourrir l'enfant. Quand une Kristina à demi endormie fut mise dans ses bras par l'infirmière, au lieu de se détourner du sein de la femme, elle l'agrippa et se mit à téter avec vigueur. Surpris, Peter alla voir la mère de Kristina le lendemain et lui raconta ce qui s'était passé. « Pouvez-vous expliquer pourquoi l'enfant a réagi ainsi ? », demanda-t-il. La mère répondit qu'elle l'ignorait. « Peut-être avez-vous été malade pendant votre grossesse ? », suggéra-t-il. « Non, absolument pas », dit-elle. Peter lui demanda alors à brûle-pourpoint : « Mais la souhaitiez-vous vraiment, cette grossesse ? » La femme le regarda : « Non, admit-elle, je voulais avorter. Mais mon mari désirait cet enfant, alors je l'ai gardé. »

C'était nouveau pour Peter, mais de toute évidence pas pour Kristina. Elle avait perçu depuis longtemps le rejet de sa mère et refusait de former l'attachement avec celle-ci après la naissance. Affectivement rejetée in utero, Kristina, à peine âgée de quatre jours et entièrement dépendante, était néanmoins fermement décidée à rejeter sa mère.

Il est probable qu'avec du temps, de l'amour et de

la patience, la mère de Kristina regagnera l'affection de l'enfant. Mais celle-ci existerait déjà si le lien avait été formé avant la naissance.

Bien qu'ils puissent varier selon le moment et les circonstances, les résultats de la formation de cet attachement avant et après la naissance sont presque toujours identiques. Comme les schémas mis en place immédiatement après la naissance, ceux qui la précèdent sont durables et souvent décisifs dans la formation du lien entre la mère et l'enfant. Tous sont déterminés dans le temps, la meilleure période pour la mise en place de la relation extra-utérine se situant dans les heures et les jours qui suivent immédiatement la naissance, et, pour la relation intra-utérine, dans les trois derniers mois de la grossesse et surtout les deux derniers, période à laquelle l'enfant a atteint un degré de maturité physique et intellectuelle suffisant pour émettre et recevoir des messages déjà très complexes.

Dans un cas comme dans l'autre, le rôle de la mère est identique : elle donne le rythme, fournit les signaux et modèle les réponses de l'enfant. Mais encore faut-il que celui-ci décide que les requêtes de sa mère ont un sens pour lui. Même un fœtus de trois ou quatre mois saura faire preuve d'indépendance ; si les mouvements de sa mère sont confus, contradictoires, indifférents ou hostiles, il peut les ignorer ou être perturbé par eux.

En résumé : la formation de l'attachement in utero n'est pas automatique. Il faut du temps, de l'amour et de la compréhension pour qu'il existe et fonctionne de façon satisfaisante. Une fois présents, ces éléments peuvent faire bien plus que compenser les perturbations affectives auxquelles nous sommes tous soumis dans la vie quotidienne.

L'enfant avant la naissance est un être doté de suffisamment de résistance et de souplesse pour faire durer au maximum une émotion maternelle. Mais il ne peut communiquer seul. Si la mère bloque la communication affective, il est désemparé. C'est pourquoi les grandes maladies psychotiques, comme la schizophrénie, empêchent en général la formation de l'attachement entre la mère et l'enfant – pourquoi aussi les enfants de mères schizophrènes présentent un taux aussi élevé de troubles physiques et affectifs.

Un événement tragique * a parfois le même retentissement chez une femme normale et en bonne santé. Chez elle comme chez la femme schizophrène, la relation avec l'enfant peut être sérieusement affaiblie ou endommagée – pour la même raison. Il manque à l'enfant une personne aimante à qui il puisse s'attacher. L'esprit de sa mère et ses ressources émotionnelles sont, et on le comprend, accaparés ailleurs.

Il y a plusieurs années, le Dr Sontag décrivait deux cas d'accidents tragiques ayant affecté ses patientes. Et parce qu'il avait suivi régulièrement les deux femmes pendant toute leur grossesse, il était particulièrement bien placé pour mesurer les répercussions immédiates de ces événements sur chaque enfant avant la naissance, ainsi que leurs conséquences durables après celle-ci.

« Dans l'un des cas, écrit-il, une jeune femme enceinte pour la première fois, dont nous suivions chaque semaine l'activité et le rythme cardiaque du fœtus, vint se réfugier un soir dans notre institut

---

* De grandes catastrophes, comme la perte de sa maison ou la mort d'un être très cher, peuvent épuiser les réserves émotionnelles d'une femme enceinte, au point de la rendre incapable de communiquer affectivement avec l'enfant qu'elle porte. Ce qu'il perçoit, bien sûr.

parce que son mari, victime d'une brusque crise de dépression, menaçait de la tuer. Elle se sentait seule et terrifiée et ne savait vers qui se tourner pour réclamer de l'aide. Elle vint donc chez nous et nous lui donnâmes une chambre et un lit pour la nuit. Quand elle se plaignit quelques minutes plus tard des coups de pied de son bébé, si violents qu'ils en étaient douloureux, nous vérifiâmes le degré d'agitation de l'enfant. Il était dix fois supérieur à ce que nous avions enregistré au cours des visites hebdomadaires.

« Nous avons pu observer un second cas analogue, celui d'une femme que nous suivions et qui perdit son mari dans un accident de voiture. Là, encore, la violente agitation du fœtus et la fréquence de ses mouvements furent multipliées par dix. »

A première vue, les réactions de ces bébés ressemblent à celles des enfants de l'étude du Dr Reinold qui réagissaient par sympathie à la détresse de leur mère ; or, c'est une analogie qui prête à confusion. Ce que mesurait le Dr Sontag n'était pas une réaction de sympathie, mais la terreur massive d'un enfant dont l'organisme était soudain envahi par l'afflux d'hormones maternelles génératrices d'anxiété. Le fait que ces deux bébés soient nés avec un poids inférieur à la moyenne, et qu'ils aient été des nourrissons à coliques, capricieux, irritables et pleurant beaucoup confirme qu'ils avaient été gravement traumatisés puisque les troubles qu'ils présentaient sont presque invariablement associés à de grands bouleversements in utero. Si le Dr Sontag avait suivi ces nouveau-nés, je pense que ses observations auraient fait apparaître que les troubles constatés après la naissance étaient moins dus aux répercussions physiques de cet afflux hormonal qu'aux modifications du comportement affectif de leurs mères à leur égard, entraînées par la tragédie qu'elles avaient vécue. En effet, la menace la plus grave pour le fœtus n'est pas tant la réaction physique et hormonale de la mère à un événement précis, que sa réaction émotionnelle durable. Si son attention se trouve complètement absorbée par son chagrin et par la perte subie, et si elle se replie sur elle-même, il est probable que son enfant en souffrira terriblement. Mais si elle garde ouvertes les voies de communication entre elle et son enfant grâce à des messages rassurants, celui-ci pourra continuer à se développer. Comme je l'ai dit plus haut, un attachement intra-utérin solide constitue l'ultime protection de l'enfant contre les dangers du monde extérieur et, comme nous l'avons vu aussi, ses effets ne sont pas limités à la période in utero. Cet attachement détermine dans une large mesure l'avenir de la relation mère-enfant. Tout ce qui suivra s'articule sur ce qui se produit maintenant, c'est pourquoi il est essentiel que la mère et l'enfant communiquent de manière harmonieuse.

La formation de l'attachement s'opère au moyen de trois modes de communication indépendants les uns des autres. A une ou deux exceptions près, ces systèmes semblent pouvoir véhiculer les messages de l'enfant à la mère et de la mère à l'enfant. Le premier de ces modes, la communication physiologique, est le seul qui soit mesurable et, dans un certain sens, inévitable; même une mère rejetante communique biologiquement avec son enfant, ne serait-ce que parce qu'elle lui fournit les aliments dont il a besoin. Toutefois, la façon dont la mère et l'enfant utilisent ce canal fait toute la différence.

Le deuxième mode, la communication comportementale, est celui que nous comprenons le mieux et que nous observons avec le plus de facilité. Des centaines d'études ont montré que le fœtus manifeste par des coups de pied son inconfort, sa peur, son anxiété ou son incertitude. Les chercheurs ont découvert récemment que la mère communique avec son enfant avant la naissance par des comportements très précis. Par exemple, en se frottant le ventre, un geste très fréquent et rassurant que l'on peut observer presque universellement chez les femmes enceintes.

Le troisième mode de communication, de beaucoup le plus difficile à définir, est ce que j'appelle la communication « par sympathie ». Il ne fait aucun doute que ce mode comprend des éléments des deux premiers, mais il est plus vaste et plus profond. L'amour en est un bon exemple. Comment le fœtus de six mois sait-il qu'il est aimé? Parce que sa mère se masse l'estomac, s'alimente correctement et agit en fonction des messages comportementaux de son enfant? Certes, ce sont des éléments de réponse, mais il y a plus.

Le taux de pleurs des nouveau-nés constitue un autre exemple de communication par sympathie. Comment se fait-il, en effet, que dans les heures qui suivent la naissance, les bébés chinois pleurent déjà moins que les bébés américains? Cette constatation en dit long sur la culture dans laquelle naît l'enfant, mais comment un bébé vieux de trois heures – ou même de trois jours – en sait-il assez pour avoir le comportement que sa culture attend de lui? Là encore, j'y vois une communication par sympathie. Ce phénomène est également illustré dans les zones rurales africaines où les femmes portent leurs nouveau-nés sur le dos ou sur la hanche, comme un sac. Quelle que soit la position, l'enfant peut facilement souiller les vêtements de sa mère par ses déjections. Or c'est une mésaventure qui n'arrive presque jamais à une mère africaine. Elle est capable de percevoir à temps les besoins de son enfant, sans qu'elle puisse expliquer pourquoi, et de le ramener devant elle afin de l'écarter avant qu'il ne la salisse. La femme africaine à qui il arrive d'être souillée par son enfant âgé de plus de sept jours est bruyamment et unanimement taxée de mère peu douée.

Les individus appartenant à des sociétés rurales font presque toujours preuve de plus d'intuition que les habitants des villes, probablement parce qu'ils se fient davantage à leurs perceptions sensorielles. La rationalisation et la mécanisation qui ont envahi l'Europe et l'Amérique au cours des derniers siècles semblent avoir détruit cette confiance. Les mystères de la nature nous mettent mal à l'aise. Quand nous sommes incapables d'expliquer quelque chose, nous préférons l'ignorer. Ce qui ne veut pas dire pour autant que notre passé ou que le présent africain représentent une sorte d'utopie obstétrique. Dans un cas comme dans l'autre, les taux de mortalité infantile étaient et sont trop élevés. L'idéal consisterait en une combinaison de l'extraordinaire sensibilité maternelle que l'on observe couramment dans ces sociétés rurales et le haut niveau de notre médecine. En reconnaissant l'existence de l'attachement mère-enfant, nous avons déjà fait un pas considérable dans cette direction. Il ne tient qu'à nous d'en faire un autre en reconnaissant que ce lien existe dès l'utérus.

De nouvelles recherches seront nécessaires, ainsi qu'une évolution des mœurs et une sensibilisation des gens concernés. Obstétriciens, pédiatres, psychiatres, infirmières, sages-femmes, personnel hospitalier :

tous ceux qui sont en contact avec la femme enceinte peuvent apprendre à mieux l'aider, sur le plan physique et affectif, et à ne plus privilégier les solutions médicales dès lors qu'il s'agit de problèmes émotionnels. Mais en dernier ressort, le succès ou l'échec de la formation de l'attachement, avant comme après la naissance, dépend de la mère. Elle doit commencer à se montrer plus attentive aux messages qu'elle envoie à son enfant et à ceux qu'il lui envoie. Pour y parvenir, elle a besoin de savoir par quels canaux tous deux communiquent et quels messages passent par ces canaux. Il faut aussi qu'elle sache se montrer réceptive : son enfant a beaucoup de choses à dire et il doit être écouté.

La communication comportementale

L'enfant

Les coups de pied que donne le fœtus constituent son mode de communication le plus facilement mesurable. Ils ont des causes multiples; cela va de la peur aux sons que peut émettre un père pétri de bonnes intentions, mais bruyant, comme le découvrit une spécialiste de l'audition, Michele Clements, le jour où le mari sceptique d'une de ses patientes arriva à l'improviste dans son laboratoire. Sa femme lui avait parlé des recherches du Dr Clements, mais il se faisait mal à l'idée que son enfant fût capable d'entendre. Comme il refusait de se laisser convaincre, le Dr Clements proposa une petite expérience pratique. Elle dit au père d'appuyer sa tête contre le ventre de sa femme et de crier. Le résultat fut un exemple magistral de communication comportementale (en même temps qu'une très nette manifestation de colère de la part du fœtus). Quand le père se mit à crier, un petit volcan de chair pointa aussitôt sur le ventre de sa femme. Fortement dérangé, l'enfant protestait avec véhémence contre cette intrusion bruyante en donnant un coup de pied furieux.

Un autre son provoque chez le fœtus une réponse particulièrement accentuée : le rythme violent et haché de la musique rock. Comme je le disais plus haut, le fœtus n'aime pas le rock, ce que put constater une patiente du Dr Clements quand les violents coups de pied de son enfant l'obligèrent à quitter un concert. Mais rien ne perturbe davantage les oreilles du fœtus que le bruit d'une dispute entre ses parents. Il est en effet très fréquent que la mauvaise humeur conjugale déclenche son agitation.

Ces coups de pied peuvent être aussi un signe de détresse fœtale. Une jeune femme que j'appellerai Diane est convaincue que c'est ce qui provoqua un jour l'agitation furieuse de son bébé. Celui-ci avait été relativement calme pendant les sept premiers mois de la grossesse ; ses légers coups de pied étaient ce que l'on pouvait attendre d'un enfant de cet âge. Soudain un après-midi, au milieu de la vingt-huitième semaine, Diane sentit un coup violent dans son abdomen. Au début, elle n'y fit pas attention. Elle avait passé l'après-midi à faire des courses et elle se dit que toutes ces allées et venues avaient fatigué son enfant. Mais le soir, l'agitation du bébé était devenue si intense qu'elle ne pouvait plus l'ignorer. Inquiète, Diane appela son gynécologue et prit rendez-vous pour le lendemain.

Le fait que celui-ci ait diagnostiqué un *placenta praevia* * n'est peut-être qu'une pure coïncidence,

---

* Un placenta placé très bas dans l'utérus et qui risque de se détacher, mettant ainsi en danger la vie du fœtus.

quoique Diane pense que le comportement de son enfant prouve le contraire. Pour elle, il ne fait aucun doute que ses coups de pied signalaient sa détresse car, une fois que le diagnostic fut établi et le traitement nécessaire commencé, l'enfant se calma et ne manifesta aucune agitation particulière jusqu'au terme de la grossesse.

Des émotions maternelles comme la colère, l'anxiété et la crainte déclencheront, elles aussi, de vigoureux coups de pied. Un triste exemple nous en est fourni par ces bébés décrits par le Dr Sontag qui avaient souffert du stress grave subi par leur mère. Dans les cas de ce genre, l'agitation de l'enfant est habituellement provoquée par la combinaison d'événements « extérieurs » et « intérieurs ». Les hormones de la mère provoquant l'anxiété affluent dans l'organisme de l'enfant, perturbent celui-ci et l'inquiètent. Le comportement de la mère et ses émotions se répercutent également sur lui. Tout ce qui inquiète la mère inquiète aussi l'enfant, et presque simultanément. Des études récentes ont montré que lorsque la crainte accélère le rythme cardiaque de la mère, il s'écoule une fraction de seconde seulement avant que le cœur du fœtus ne se mette à battre deux fois plus vite qu'à l'ordinaire.

La mère

Il existe tant de façons pour la mère de communiquer par son comportement avec son enfant, ce mode de communication est si subtil et, à première vue, si banal, qu'on a tendance à en négliger les répercussions sur la formation de l'attachement in utero. Par exemple, un grand nombre de couples changent de domicile pendant la grossesse. Une étude récente montrait que soixante-dix-neuf pour cent des femmes enceintes interrogées envisageaient de déménager en raison de cette nouvelle addition à la famille. Bien sûr, ce n'est pas le déménagement proprement dit qui pose un problème, mais les perturbations et l'anxiété qui accompagnent ce changement. Dans un rapport qui fait date, le Dr Michael Cohen a montré que le stress déclenché par le fait de s'installer dans un autre quartier pendant la grossesse peut retarder la formation du lien entre la mère et l'enfant après la naissance. Heureusement, si la mère le sait, elle peut contrebalancer ces effets en se reposant davantage et en réclamant plus de support affectif, et aussi en « expliquant » les choses à son enfant.

D'autres observations du Dr Cohen avaient également trait à la formation du lien mère-enfant, quoique de façon moins directe. Une femme préoccupée par sa silhouette, qui se croit laide, a de brusques sautes d'humeur ou semble incapable de préparer la naissance de son enfant ne perturbe pas activement ou directement son bébé. Mais le Dr Cohen estime que la présence de ces comportements réunis tout au long de la grossesse indiquent un rejet inconscient de la maternité, avec les conséquences qui en découlent sur la formation du lien entre la mère et l'enfant.

Une autre modification subtile de comportement que la mère fait parfois involontairement percevoir à son enfant est son regret d'arrêter de travailler pendant la grossesse. Une étude a montré que soixante-quinze pour cent des femmes qui travaillent cessent de le faire ou prennent un congé de maternité pendant leur grossesse. Ce qui, en soi, n'est ni un mal ni un bien. Certaines préfèrent travailler au-delà du sixième mois ; d'autres n'ont qu'une hâte : rester chez elles. Les deux options se valent. Là où il y a danger, c'est quand la perte soudaine de l'indépendance financière et psychologique créée par le fait de cesser de travailler provoque chez la mère un sentiment de rancune, de colère ou d'insatisfaction. L'enfant, malgré tous ses efforts, ne formera pas l'attachement avec une mère en proie à l'anxiété ou à la frustration.

Même la façon dont une femme bouge ou marche pendant la journée devient une forme de communication comportementale. Quand elle s'agite comme une folle pour venir à bout des corvées quotidiennes et des courses, elle bouge à un rythme différent de celui qu'elle adopte pendant une longue promenade tranquille. Et son enfant le perçoit, exactement comme un ou deux mois plus tard, il se rendra compte qu'elle le pousse dans son landau ou le fait sauter sur ses genoux. Ce sont des activités absolument inoffensives tant qu'elles n'ont rien d'exagéré. Le fœtus est résistant, mais il est néanmoins dangereux de l'amener aux limites de son endurance par une stimulation continuelle et excessive.

LA COMMUNICATION PAR SYMPATHIE

L'enfant

Les rêves ne sont pas des événements arbitraires ou dus au hasard. Ils n'ont rien de gratuit, et dans le cas de la femme enceinte, je suis persuadé qu'ils expriment ses conflits inconscients à propos de l'enfant. Les futures mères dont les rêves sont dépourvus d'anxiété ont en général un travail plus court et un accouchement plus facile. Les observations récentes montrent que les rêves représentent pour la femme enceinte une solution courante et bénéfique qui lui permet de négocier son anxiété. La littérature médicale abonde d'exemples de rêves de femmes enceintes qui se sont réalisés. Les entretiens que j'ai pu avoir avec mes confrères m'ont conduit à penser que des centaines, voire des milliers de « coïncidences » de cet ordre sont passés sous silence parce que la femme qui a eu un de ces rêves ou son médecin redoutent de se voir accusés de superstition ou de manque d'esprit scientifique. Ces rêves de la période de gestation concordent avec ce que nous connaissons du système onirique et de ses lois et obéissent à une logique inhérente. Indépendamment de leur contenu, les mêmes schémas et les mêmes thèmes reviennent régulièrement : la femme se trouve confrontée à son enfant, et presque toujours dans des situations d'urgence ou alarmantes.

Dans la nuit qui précéda un avortement spontané, une de mes patientes se réveilla plusieurs fois en criant : « Je veux sortir, laissez-moi sortir ! » Elle est persuadée que c'est son enfant qui parlait à travers elle. Un confrère me citait le cas d'une de ses patientes dont les rêves, bien que totalement différents à divers égards, présentaient un même thème récurrent : l'enfant essayait de faire passer un message. Au début du septième mois, cette femme rêva que le travail commençait. Elle avait eu une grossesse facile tant sur le plan physique qu'émotionnel, et rien dans son passé médical ou psychologique ne faisait craindre un accouchement prématuré. Mais ce rêve la troublait. Convaincue qu'il avait une signification, elle commença à faire ses préparatifs pour la naissance, « au cas où ». Deux semaines plus tard, elle accouchait.

Compte tenu de l'état actuel de la recherche en ce domaine, on en est réduit à des hypothèses sur les mécanismes entrant en jeu dans ces rêves de la grossesse. Je crois, quant à moi, qu'ils constituent un mode de communication extra-sensorielle de la part de l'enfant. Ces derniers temps, les chercheurs se sont sérieusement penchés sur cette possibilité. Une équipe de Duke University, spécialisée dans la recherche extra-sensorielle, étudie depuis plusieurs dizaines d'années ce phénomène et l'Association américaine pour le progrès de la science (American Association for the Advancement of Science), un des organismes scientifiques les plus nobles et les plus respectés du monde, a été suffisamment impressionné par l'importance éventuelle des formes de communication extra-sensorielle pour parrainer plusieurs projets de recherche.

La mère

Nos connaissances en matière de communication par sympathie dans le sens mère-enfant viennent confirmer l'hypothèse d'une communication extra-sensorielle. On en relève la marque dans presque toutes les émotions éprouvées par la femme enceinte. Même les sentiments comportant un fondement biologique indiscutable, comme la crainte ou l'anxiété, ont sur l'enfant un retentissement qui dépasse de beaucoup nos connaissances en physiologie. C'est doublement vrai d'émotions apparemment dénuées de tout ancrage biologique, comme l'amour et la sérénité. Rien de ce que nous savons du corps humain ne peut expliquer pourquoi ces sentiments affectent le fœtus. Cependant, toutes les études montrent qu'une femme heureuse et sereine a plus de chances de mettre au monde un enfant vif et ouvert.

Une émotion aussi complexe et subtile que l'ambivalence fournit un exemple encore meilleur. Comme nous l'avons vu, l'ambivalence peut avoir des conséquences néfastes pour le fœtus. Or il est presque certain qu'aucun état physiologique n'est lié à cette émotion. Elle est souvent si diffuse que même la femme qui l'éprouve n'en a pas conscience. A mon avis, la seule explication logique réside dans ce que j'ai appelé la communication « par sympathie ». De toute évidence, l'enfant dispose d'un radar affectif si sensible que même les émotions maternelles les moins perceptibles s'y inscrivent.

Dans un registre plus triste, les données que nous possédons sur les avortements spontanés et leur fréquence nous en disent long sur la nature de la communication par sympathie. Les études portant sur l'ambivalence et la froideur, ainsi que les chiffres des avortements spontanés, nous donnent dans l'ensemble une idée assez juste de la nature des émotions maternelles communiquées par sympathie. Un tiers environ des avortements spontanés sont médicalement inexplicables ; la mère jouit en effet d'une bonne santé et elle est physiquement capable de porter un enfant. Ses difficultés sont d'ordre émotionnel, en général la crainte éprouvée sous une forme ou une autre. Après avoir analysé plus de quatre cents avortements spontanés, un chercheur est arrivé à la conclusion suivante : la crainte ou le sentiment de sa responsabilité et la peur de mettre au monde un enfant anormal augmentent matériellement le risque d'avorter. Dans une autre étude, deux chercheurs parviennent à la même conclusion, la seule différence venant du type de peurs éprouvées par les femmes sur lesquelles portaient l'observation : elles craignaient d'être abandonnées par leur mari, leurs amis, leur famille et leur médecin.

La peur a, bien évidemment, un fondement biologique, et il est parfaitement possible que les neurohormones produites par la peur de la mère aient sur le milieu utérin des répercussions plus puissantes que ne l'indiquent les recherches actuelles. Même si l'on part du principe que cette hypothèse est exacte, je doute que de nouvelles découvertes physiologiques puissent entièrement expliquer le pourquoi de ces avortements.

LA COMMUNICATION PHYSIOLOGIQUE

L'enfant

Jusqu'à une période récente, il était entendu que la responsabilité physiologique de la grossesse était uniquement assumée par la mère, mais on a aujourd'hui la preuve que l'enfant a lui aussi un rôle important à jouer. Selon le Dr Liley, par exemple, c'est le fœtus qui garantit le bon fonctionnement endocrinien de la grossesse et déclenche une partie des nombreux changements physiques que doit subir le corps de sa mère pour assurer son développement et son alimentation avant la naissance*. Ainsi, même à ce stade, le fœtus exerce un certain contrôle sur son bien-être et ce phénomène soulève quelques points d'interrogation particulièrement intéressants. Il serait en effet possible que le taux anormalement élevé de dommages physiques et émotionnels infli-

---

* De nouvelles observations ont fait apparaître que le placenta, qui est un des organes du fœtus, produit de nombreuses hormones, dont les œstrogènes, la progestérone et la gonadotropine chorionique, qui assurent le bon déroulement de la grossesse. En produisant ces substances, le fœtus participe activement à sa survie.

gés à leurs enfants par les mères rejetantes ou malheureuses ne soit pas uniquement dû à des hormones maternelles nuisibles. Si le fœtus exerce réellement un contrôle partiel sur la grossesse et perçoit son environnement comme hostile, il est peut-être capable de retirer dans certains cas à la mère au moins son soutien physiologique et, ce faisant, de se nuire à lui-même.

La mère

Les hormones dues au stress et à l'anxiété constituent la forme la plus manifeste de l'existence d'une communication physiologique allant de la mère à l'enfant. Il est net que les anxiétés directement liées à l'enfant, à la grossesse, à l'insécurité, aux insuffisances du conjoint ou de la mère, ont d'énormes répercussions sur le fœtus. *Mais seule l'anxiété intense et durable de la mère peut présenter un danger.* La femme qui s'inquiète passagèrement d'une facture ou de ses kilos supplémentaires ne fait courir aucun risque à son enfant. La quantité d'hormones produites par ces petits soucis, en supposant qu'il y en ait, n'aura pas d'effet sur le fœtus. Ce qu'il ne supporte pas, c'est un afflux continuel d'hormones produites par l'anxiété. Ce n'est pas non plus la formation du lien in utero qui est seule en cause. Comme nous l'avons vu au chapitre précédent, ce type d'agression peut aussi régler le thermostat émotionnel de l'enfant à un niveau trop élevé ou dangereux.

Une consommation excessive de tabac, d'alcool et de médicaments, ou encore le fait de trop manger ou de mal manger, constituent également des formes de communication physiologique maternelle. Au plan psychologique, comme je l'ai déjà dit, ces comportements traduisent indirectement l'anxiété. Les modifications néfastes que peuvent produire ces substances dans le milieu ambiant du fœtus éveillent en lui un sentiment de crainte — mais il a déjà toutes les raisons d'être inquiet.

L'alcool, en l'occurrence, peut estropier et même tuer l'enfant. Les Grecs et les Romains reconnaissaient déjà les dangers de l'alcool et avaient remarqué que les mères qui buvaient beaucoup mettaient au monde un nombre plus élevé d'enfants malformés ou fragiles. Depuis une dizaine d'années seulement, les chercheurs ont trouvé l'explication scientifique de ce phénomène : l'alcool traverse le placenta aussi facilement que tout ce que mange ou boit la mère. Ses effets, une fois qu'il a pénétré l'organisme de l'enfant, dépendent de la quantité à laquelle celui-ci est exposé et du stade de son développement.

Je pense que le plus sage est de ne pas boire du tout pendant toute la durée de la grossesse. Si la future mère décide de ne pas s'abstenir, elle doit au moins limiter sa consommation quotidienne à cinquante-huit grammes d'alcool absorbé sous une forme ou une autre. Toute consommation supérieure à ce chiffre fait courir à son enfant le danger d'être victime du syndrome alcoolique du fœtus (FAS). Les chercheurs ne comprennent pas encore tous les mécanismes qui entrent en jeu dans cette grave perturbation, mais une chose est certaine : plus une femme boit, plus l'enfant risque de présenter à la naissance un retard mental, une hyperactivité, un souffle au cœur ou une difformité faciale comme une tête petite ou des oreilles placées plus bas que la normale.

Selon les experts de l'Institut national américain

contre les abus d'alcool et l'alcoolisme (US National Institute of Alcohol Abuse and Alcoholism), une consommation quotidienne de trois ou quatre bières ou verres de vin peut être à l'origine d'un ou de plusieurs de ces symptômes, et six verres de boisson alcoolisée ou plus par jour produire toute la gamme horrible des difformités liées au FAS. Une femme qui consomme deux cent quatre-vingts grammes d'alcool quotidiennement, soit l'équivalent de six verres d'une boisson fortement alcoolisée, joue à la roulette russe avec la vie et la santé de son enfant. A ce niveau de consommation, le risque de graves malformations à la naissance est de cinquante pour cent.

Un autre facteur, presque aussi décisif que la quantité d'alcool consommée, est le moment où la femme enceinte boit. Ces mêmes experts ont observé que l'ingestion d'alcool est particulièrement dangereuse pour le fœtus à deux moments bien précis de la grossesse. Le premier se situe entre la douzième et la dix-huitième semaine, quand le cerveau atteint un stade critique de son développement, la seconde, entre la vingt-quatrième et la trente-sixième semaine.

Les cigarettes constituent un autre grave danger pour le fœtus. Quand elle fume, la mère réduit la quantité d'oxygène de son sang et, en l'absence d'un certain apport d'oxygène, la formation du tissu fœtal peut se ralentir. Une femme qui fume une ou deux cigarettes par jour ne met probablement pas son enfant sérieusement en danger (quoique, comme pour l'alcool, le mieux soit encore de s'abstenir), à la différence de celle qui fume deux paquets par jour. D'après des études récentes, les bébés de mères fumant quarante cigarettes ou plus par jour sont plus petits et en moins bon état physique que ceux des mères qui ne fument pas. A l'âge de sept ans, les enfants de mères qui fument ont en général plus de mal à apprendre à lire et présentent un taux plus élevé de troubles physiologiques que les autres enfants. En outre, il semble de plus en plus vraisemblable que le fait que le père fume affecte aussi le développement du fœtus. Des chercheurs d'Allemagne de l'Ouest ont découvert il n'y a pas longtemps que les enfants de pères fumeurs présentent un taux nettement plus élevé de mortalité prénatale que ceux de pères non fumeurs. Les raisons de ce phènomène sont encore mal connues. Le toxicologue Helmut Griem pense que le tabac est à l'origine de modifications subtiles, mais qui peuvent se révéler catastrophiques, du sperme.

Les études portant sur les effets de la caféine sur le fœtus sont moins probantes que celles concernant l'alcool et le tabac. Elles sont peu nombreuses et n'ont abouti à aucune conclusion convaincante. On note cependant une exception, une communication émanant de l'université de Washington dont les chercheurs signalent l'existence d'un rapport indiscutable entre l'ingestion de caféine (sous la forme de café, coca-cola, thé ou cacao) et certains troubles présentés à la naissance. Il ressort de leurs observations que les mères absorbant de fortes quantités de caféine mettent au monde des bébés moins actifs que les autres et d'un plus faible tonus musculaire. Quant à savoir si ces effets sont passagers ou annoncent au contraire des troubles de santé graves et durables, le Dr Ann Stressiguth, qui dirige cette équipe de chercheurs, estime que de plus amples recherches sont nécessaires.

Dans ces conditions, je pense pour ma part qu'il serait plus sage pour une femme enceinte de préférer le café décaféiné et de réduire sa consommation de coca-cola ou de cacao. De toute façon, la suppression de la caféine ne peut que lui être profitable (cette substance est déjà responsable de la tension et il semblerait, compte tenu d'observations récentes, qu'elle puisse jouer un rôle dans les cancers du sein). Mais si une femme est fortement dépendante du café ou du tabac et que leur suppression provoque chez elle une tension excessive, mieux vaut essayer de réduire la consommation que de s'en abstenir complètement.

Une large publicité a été faite aux dangers présentés par l'absorption de médicaments pendant la grossesse, et il est inutile d'y revenir. Je rappellerai simplement que le fœtus est particulièrement vulnérable à leurs effets toxiques au début de la grossesse et que même des quantités minimes de *n'importe quel médicament,* y compris ceux vendus sans ordonnance comme l'aspirine, peuvent avoir des effets nocifs sur lui.

Compte tenu de tout ce qui a été dit jusqu'ici, on pourrait croire que tout ce que fait une femme enceinte, depuis l'ingestion d'un simple comprimé d'aspirine pour calmer son mal de tête, jusqu'à un moment de déprime ou de tension, aura des répercussions sur sa relation avec son enfant. C'est faux. Les informations données dans ce chapitre doivent être considérées avec un certain recul. *Des émotions négatives passagères ou des journées particulièrement agitées ne vont pas nuire à la formation du lien in utero.* Le fœtus est bien trop résistant pour se laisser troubler par quelques revers. Là où il y a danger, c'est quand il se sent coupé de sa mère ou quand ses besoins physiques ou psychologiques sont systématiquement ignorés. Il n'exige rien d'extraordinaire; tout ce qu'il veut, c'est un peu d'amour et d'attention et quand il les obtient, tout le reste, y compris la formation du lien avec sa mère, suit automatiquement...

CHAPITRE 5

LA NAISSANCE VÉCUE

« Quelqu'un voudrait-il éteindre ? » demanda en allemand une femme au visage doux. A en juger par les chuchotements excités et les bruits de pieds qui suivirent, tout le monde, au Kantonspital, attendait avec autant d'impatience que moi que le film commence.
 Du point de vue technique, le résultat laissait à désirer. L'image n'était pas au point et il fallait tendre l'oreille pour distinguer les voix. Mais cela n'avait aucune importance. En dirigeant simplement la caméra sur les nouvelles mères et sur leur enfant à l'instant précis où chacun voyait l'autre pour la première fois, la réalisatrice avait réussi à créer un petit chef-d'œuvre à part, d'une intensité émotionnelle authentique, auquel il était difficile de rester indifférent.
 Repensant à ce film récemment, je me suis rendu compte qu'il constituait non seulement un splendide documentaire sur la naissance, mais aussi une description très exacte de notre comportement à cet égard. Pendant la plus grande partie des quarante-cinq minutes de projection, le film suivit les mères et leurs réactions. La caméra s'attardait sur leur visage

tandis qu'elles touchaient, caressaient et rassuraient leur nouveau-né. Le thème de ce film étant la naissance, les bébés étaient éveillés et avaient les yeux grands ouverts, mais les plans qui les montraient étaient brefs. De toute évidence, ils n'étaient là qu'en qualité de figurants ; les mères occupaient le devant de la scène.

Cette présentation ne tenait pas au film, peu s'en faut. En montrant la naissance essentiellement du point de vue des mères, la caméra reflétait simplement ce que ce mot évoque en général dans nos esprits. C'est par les yeux de la mère que nous la voyons, c'est la joie de celle-ci qui éveille notre sympathie. Nous partons du principe que l'enfant ne ressent rien, qu'il est le témoin innocent de la fête. Or c'est faux. Pour sa mère, pour son père, sa naissance restera un souvenir impérissable, l'accomplissement du rêve de leur vie; mais pour l'enfant, il s'agit d'un moment plus que capital : c'est un événement qui se grave d'une façon indélébile dans sa personnalité. La manière dont il naît, difficilement ou non, avec douceur ou avec violence, détermine en grande partie la personne qu'il deviendra et comment il percevra le monde qui l'entoure. Qu'il ait cinq, dix, quarante ou soixante-dix ans, une partie de son être portera toujours sur l'univers le regard de l'enfant nouveau-né qu'il fut. C'est pourquoi Freud appelait le plaisir et la douleur qui accompagnent la naissance « les émotions primales ». Aucun de nous n'échappe totalement à leur emprise.

Si vous voulez comprendre pourquoi, essayez un moment de voir la naissance avec les yeux de l'enfant. Le neuvième mois de gestation se termine; l'enfant est devenu profondément conscient de son univers; les sensations, les bruits et les spectacles perçus dans l'utérus font partie intégrante de lui, au même titre que ses bras et ses jambes. Cela n'a rien de mystérieux. Il ne fait qu'un, au sens le plus fondamental du terme, avec son univers personnel et celui-ci ne fait qu'un avec lui. Il a reçu des messages émanant de sa mère et, à travers elle, du monde extérieur. Ces messages n'auront que *momentanément* troublé sa sérénité fœtale (et commencé à poser les fondements de sa vie affective). Mais, exception faite de quelques cas très rares, les brefs messages perturbants d' « anxiété » ou d' « ambivalence » émis par une mère au demeurant aimante n'auront que peu de résonance sur la façon dont le fœtus se perçoit ou perçoit celle-ci.

Par ailleurs, la naissance est le premier choc physique et affectif prolongé que subit l'enfant et il ne l'oubliera jamais tout à fait. Il passe par des phases de plaisir sensuel intense lorsque chaque centimètre de son corps baigne dans la tiédeur des fluides maternels et qu'il est massé par les muscles de la mère. Mais ces moments alternent avec d'autres où il éprouve une souffrance et une peur aussi extrêmes. Même dans le meilleur des cas, la naissance se répercute dans le corps de l'enfant comme un choc sismique qui aura la violence d'un véritable tremblement de terre.

Il y a un instant à peine, c'était l'extase; il flottait dans la tiédeur du liquide amniotique; une seconde plus tard, le voilà propulsé dans la filière génitale et c'est le début d'une épreuve à l'issue incertaine qui peut se prolonger durant de nombreuses heures. Pendant la plus grande partie de ce temps, il subira la fureur des contractions maternelles qui le martèlent à intervalles réguliers comme autant de coups de bélier. Cette description paraît exagérée? Dites-vous alors qu'il suffit de presser le front d'un nouveau-né avec une force qui ne représente qu'une fraction infime d'une seule contraction pour déclencher des pleurs violents. On en est réduit à essayer de deviner l'effet produit par une contraction; des études radiologiques récentes ont cependant montré qu'au moment où les contractions commencent et le poussent, l'enfant agite convulsivement bras et jambes dans ce qui ressemble fort à la manifestation d'une douleur insoutenable.

Presque aussi intolérable est le point final de cette épreuve. Quand l'enfant approche enfin de l'ouverture vaginale, son cerveau encore fragile peut être soudain saisi par les deux branches d'un forceps en acier et son corps de six, sept ou huit livres tiré vers l'avant avec une force de traction égale à sept ou huit livres au niveau du cou. A moins que le sommet du cuir chevelu ne soit incisé pour permettre l'insertion de minuscules électrodes métalliques reliées à un moniteur cardiaque fœtal. En admettant qu'il réussisse à éviter ces deux éventualités, l'enfant a toutes les chances de se retrouver dans une pièce froide, bruyante et violemment éclairée, entouré par un groupe d'étrangers qui l'agrippent, le manipulent et le tirent.

Pendant ce temps, son esprit enregistre tout : impressions, gestes et mouvements. Plus rien n'échappe à son attention maintenant. Même les détails les plus minimes laissent des traces indélébiles sur la mémoire, bien que l'enfant soit rarement capable par la suite de se rappeler spontanément de tels souvenirs. Nous non plus, d'ailleurs. La naissance produit une certaine amnésie; on a de bonnes raisons de penser qu'elle est due à l'ocytocine (la principale hormone du corps déclenchant les contractions utérines et la lactation) sécrétée par la mère pendant le travail et l'accouchement. Des études récentes (que nous examinerons plus en détail au chapitre 10) montrent que l'ocytocine provoque l'amnésie chez les animaux testés en laboratoire. La présence de cette hormone expliquerait qu'une telle quantité de souvenirs de la naissance échappent à notre mémoire consciente.

Il ne fait cependant aucun doute que ces souvenirs existent et nous savons aussi qu'ils peuvent être retrouvés à partir d'une certaine stimulation. Les études menées par le Dr Penfield l'ont prouvé; mais ses travaux portent sur les souvenirs en général. En revanche, le Dr David B. Cheek a concentré ses recherches sur les souvenirs de la naissance. Ainsi, dans une expérience clinique remarquable, réalisée il y a quelques années, il prit quatre jeunes gens, garçons et filles, qu'il avait mis au monde quand il était obstétricien à Chico, en Californie, les plaça sous hypnose et demanda à chacun de décrire la position de sa tête et la présentation de ses épaules à la naissance. Le Dr Cheek avait choisi ce détail précis pour mesurer la fiabilité des souvenirs de la naissance; il savait que ses sujets n'avaient pas la moindre possibilité de connaître d'avance les réponses. Il est rare, en effet, que ce genre d'informations sorte des notes d'accouchement de l'obstétricien et les dossiers de ses sujets étaient depuis vingt ans sous clé chez lui.

Ces notes constituaient la preuve témoin de l'expérience. Dans chaque cas, ce que le (ou la) patient(e) dit sous hypnose au Dr Cheek se trouva pleinement confirmé par les notes qu'il relut plus tard (il avait pris soin de ne pas les consulter avant l'expérience afin de ne pas influencer ses sujets). Tous décrivirent avec précision comment s'étaient présentées leur tête et leurs épaules au moment de la naissance et comment celle-ci s'était déroulée.

L'importance des travaux du Dr Cheek tient essentiellement à leurs implications plus vastes. Si un enfant est capable de se rappeler un détail aussi infime que la position de sa tête à la naissance, que dire d'épisodes plus dramatiques? En particulier, du souvenir laissé par le passage dans le conduit utérin, cette sensation d'être pris au piège, ou de ne pas avoir pu respirer pendant quelques secondes, ou encore d'avoir été propulsé dans le monde plusieurs semaines, voire plusieurs mois avant terme? Que se passe-t-il quand à toutes ces épreuves physiques s'ajoutent l'anxiété, la peur ou l'hostilité de la mère?

Les travaux du Dr Cheek et d'autres chercheurs permettent de répondre aujourd'hui à ces questions avec une certaine précision. Il est même possible de tracer point par point le tableau des « risques liés à la naissance » et de leurs effets psychologiques sur l'enfant, schémas et graphiques à l'appui. A partir d'études réalisées sur des animaux et d'investigations cliniques, j'ai pu établir cinq grandes catégories de risques psychologiques liés à la naissance; tout en restant à l'état d'hypothèses de travail, ces catégories regroupent les informations les plus récentes et les plus fiables.

En bas du tableau, dans la plus basse catégorie des risques psychologiques, j'inscrirais les naissances normales et sans complications. Bien que mes propres observations empiriques montrent qu'une grande majorité des individus nés par voie naturelle sont de tempérament ouvert, optimiste et confiant, je ne peux fournir aucune étude qui me permette de dire : « Voilà la preuve de ce que j'affirme. » Les rapports dont nous disposons, et qui ont trait le plus souvent aux observations pratiquées sur des animaux, indiquent qu'une naissance par voie naturelle et sans complications s'accompagne d'avantages ultérieurs indiscutables.

Au début des années 1970, les chercheurs du National Institute of Neurological Disease and Blindness (l'Institut national des maladies neurologiques et de la cécité) ont constaté que les singes nés par voie naturelle (les réactions de ces animaux à la naissance sont celles qui s'apparentent le plus aux réactions humaines) se montraient beaucoup plus actifs, réagissaient davantage aux autres et apprenaient plus vite pendant les cinq jours suivant la naissance que ceux mis au monde par césarienne (les mères ayant été anesthésiées pour annuler l'effet de stupeur dû à des médicaments plus puissants). Quant à savoir quelles différences présenteraient à deux ans ou cinq ans les singes nés par césarienne, c'est une autre histoire. Beaucoup d'incapacités mineures liées à la naissance disparaissent avec le temps. Cependant, j'ai pu observer chez mes patients un effet durable de la naissance par césarienne : leur besoin intense de contacts physiques, quels qu'ils soient. Ce trait tient probablement au fait que ce type d'accouchement prive les bébés des moments sensuels éprouvés par ceux qui viennent naturellement au monde, c'est-à-dire de la douleur et du plaisir extrêmes. Ces impressions sensuelles sont les signes avant-coureurs de la sexualité adulte, et l'individu né par voie chirurgicale peut ne jamais compenser cette perte. C'est pourquoi les accouchements par césarienne se situent légèrement au-dessus des naissances naturelles dans mon tableau des risques liés à la naissance.

Un peu plus haut, soit au tiers environ ou à la moitié du tableau, j'inscrirais les accouchements par le siège, dont le taux est d'un sur trente-cinq. Alors que la plupart des enfants nés ainsi ont une vie tout à fait normale, les diverses observations font apparaître l'existence un peu plus tard dans l'enfance d'un risque légèrement plus élevé de difficultés dans l'apprentissage de la lecture. En comparant les progrès scolaires de mille six cent quatre-vingt-dix-huit enfants d'Indianapolis, les chercheurs ont constaté que vingt-cinq pour cent des enfants nés avec une présentation par le siège redoublaient au moins une classe (le taux de redoublement scolaire moyen étant de quinze pour cent) et dix pour cent avaient besoin de passer par une classe de rattrapage (la moyenne étant de quatre pour cent pour tous les enfants scolarisés).

A peu près au même niveau que les risques liés à une naissance par le siège, je situerais les difficultés mineures et passagères dues à la position du cordon ombilical, un cordon pincé ou enroulé par exemple, qui se résolvent d'elles-mêmes et rapidement. Aucun de ces problèmes ne met en danger la vie de l'enfant, mais sa respiration peut être perturbée pendant quelques secondes terrifiantes. C'est pourquoi je pense qu'ils laissent des traces durables et très précises sur le psychisme de l'enfant; chaque incapacité possède, en fait, sa logique interne. Par exemple, les bébés dont le cordon ombilical s'est accidentellement enroulé autour du cou à la naissance présentent, enfants ou adultes, un taux élevé de troubles au niveau de la gorge, comme de la difficulté à avaler ou des défauts d'élocution.

C'était notamment le cas d'un de mes patients qui était affligé d'un fort bégaiement depuis l'âge de six ans. Il apparut très tôt au cours d'une psychothérapie que le père constituait l'élément clé du puzzle. Mon patient avait dû subir ses critiques impitoyables sur son défaut d'élocution quand il était enfant, ce qui, naturellement, n'avait rien arrangé, bien au contraire. A mesure que la psychothérapie progressait, toutefois, il devint manifeste que ces critiques n'étaient qu'un des facteurs importants entrant en jeu ; le patient avait aussi souffert de troubles affectant la région de la gorge. Au cours d'une séance, il se rappela avoir été victime d'angines répétées entre trois et cinq ans; et à une autre occasion, il se souvint être né avec le cordon ombilical enroulé autour du cou.

Comme je ne disposais d'aucune information médicale sur sa naissance, je ne pus vérifier ce souvenir. Mais dans les semaines qui suivirent, un autre témoignage, beaucoup plus important, vint corroborer ses dires : son bégaiement commença à disparaître progressivement.

Au-dessus des difficultés liées au cordon ombilical, disons aux deux tiers ou trois quarts du tableau, je placerais les naissances prématurées. Leur degré de gravité peut varier. Une prématurité de quelques jours n'aura guère de conséquences; de plusieurs semaines, elle sera déjà plus grave; de plusieurs mois, elle pourra avoir des effets physiques et émotionnels dévastateurs pour l'enfant.

J'ai observé, au niveau le plus bas de cette catégorie, que beaucoup de mes patients prématurés présentaient un symptôme identique : ils se sentaient pressés et harcelés en permanence. Je pense que cette impression de ne jamais pouvoir rattraper un retard découlait directement de leur prématurité. Ils ont commencé leur vie en étant bousculés et, des années plus tard, ce sentiment persiste toujours.

Chez d'autres, comme chez ce jeune garçon que j'appellerai Ricky Burke, la prématurité laisse des cicatrices psychologiques profondes. J'entendis parler de Ricky par une voie détournée. Une station de radio locale de Toronto avait demandé à une psychothérapeute de mon centre, Sandra Collier, de réaliser une émission spéciale en deux parties sur les rêves, les cauchemars et leur signification. Sandra avait un peu étudié ce domaine – notamment les rapports entre les rêves et les souvenirs de naissance oubliés – et elle parla de ceux-ci à la fin de la première émission. Ce fut une de ces étranges coïncidences où il suffit qu'un auditeur entende une voix inconnue à la radio pour que, soudain, sa vie et celle des siens s'en trouvent modifiées.

Dans le cas qui nous occupe, l'auditeur était en fait une auditrice du nom de Kathleen Burke. En entendant Sandra dire que les rêves étaient parfois l'expression de souvenirs inconscients de la naissance, elle pensa à son fils Ricky. Depuis plusieurs années, Ricky était la proie de cauchemars horribles et terrifiants. Nuit après nuit, juste après s'être endormi, il se débattait dans son sommeil en jurant, mais avec un vocabulaire qui dépassait de beaucoup ce dont est capable un enfant de neuf ans. Plus étranges encore étaient les hurlements qui suivaient. Parfois aussi, Ricky mentionnait une lumière bizarre et se mettait à parler dans ce qui paraissait à sa mère une langue étrangère. Aucun des médecins consultés par les Burke n'avait réussi à venir en aide à l'enfant; ou ils jugeaient que son état défiait tout diagnostic, ou ils prescrivaient un médicament qui se révélait sans effet.

Après avoir écouté l'émission de Sandra, Mme Burke repensa soudain aux circonstances dans lesquelles s'était déroulée la naissance de son fils. Elle avait eu un travail très pénible; Ricky était né prématuré et presque mort. Peu à peu, à mesure qu'elle réfléchissait à cette fameuse nuit, d'autres détails émergèrent – ses médecins épuisés juraient, et on avait appelé un prêtre pour qu'il administre les derniers sacrements à Ricky. Soudain, tous les éléments du puzzle se mirent en place. Le cauchemar de Ricky était un souvenir de la naissance, ses jurons ceux qu'il avait entendu proférer par les médecins, la langue apparemment étrangère les mots de latin du prêtre. Tout semblait logique, comme le dit Mme Burke à Sandra au téléphone pendant la seconde émission de celle-ci.

Il semble bizarre de pouvoir dire que Ricky avait eu de la « chance », mais compte tenu de sa naissance difficile, il avait bel et bien eu la *chance* de s'en sortir sans plus de dégâts. Les complications à l'accouchement comme celles endurées par Ricky s'inscrivent en effet dans le dernier quart du tableau. Parmi les problèmes inclus dans cette catégorie figurent les cas de prématurité mettant la vie de l'enfant en danger (les naissances prématurées de deux mois au moins, par exemple); les problèmes de cordon ombilical ayant failli tuer l'enfant; les *placenta praevia* pouvant empêcher l'enfant de sortir de l'utérus au moment de la naissance; et l'éclampsie, une forme parfois très dangereuse d'hypertension maternelle.

Les problèmes psychologiques souvent associés à ces troubles – la schizophrénie, les psychoses et les conduites violentes antisociales et criminelles – sont eux aussi très graves. Les observations citées dans la littérature scientifique semblent toutes confirmer l'hypothèse que des complications physiologiques à la naissance prédisposent l'individu à une vaste gamme de perturbations, depuis les troubles psychologiques jusqu'aux dommages cérébraux organiques. C'est ainsi que dans une étude portant sur trente-trois jeunes schizophrènes, les chercheurs relevaient dans quarante pour cent des cas un taux de complications diverses à la naissance. Chez leurs frères et sœurs mentalement sains, ce taux était de dix pour cent seulement.

Plus spectaculaires encore sont les résultats d'une étude exceptionnelle du Dr Sarnoff A. Mednick, directeur du Psykologisk Institute de Copenhague. Au début des années 1960, le Dr Mednick entreprit de suivre un groupe de plus de cent soixante-dix enfants qui pouvaient constituer d'éventuels candidats à la schizophrénie, leur mère souffrant déjà de cette affection. Le Dr Mednick voulait savoir combien d'entre eux présentaient les mêmes troubles et, plus important, pourquoi.

Quelques années plus tard, il avait la réponse à la première partie de sa question. Vingt cas de schizophrénie avaient été diagnostiqués chez les adolescents. Cherchant des indices capables d'expliquer pourquoi ils étaient à leur tour victimes de cette maladie, le Dr Mednick découvrit dans leur passé ce qu'il jugea être des similitudes importantes. Il remarqua qu'un grand nombre de mères schizophrènes avaient été internées à une période antérieure en raison de leur maladie. Il découvrit aussi que dès le début de la scolarité, un grand nombre des sujets avaient été étiquetés par leur professeurs « enfants dissipés ». Mais son attention fut surtout attirée par les points communs présentés par les naissances de ces vingt malades. Soixante pour cent avaient souffert d'une ou de plusieurs complications à la naissance ou pendant la période de gestation. En consultant les dossiers des enfants chez qui on ne détectait aucune trace de schizophrénie, le Dr Mednick constata un chiffre différent, mais tout aussi révélateur : quinze pour cent seulement avaient souffert de complications pendant la grossesse ou à la naissance.

Les résultats d'une seconde étude du Dr Mednick furent tout aussi spectaculaires. Celle-ci portait sur des hommes ayant commis des actes criminels violents. De nouveau, il releva la présence d'un dénominateur commun dans leurs naissances – quinze des seize criminels les plus violents avaient eu des naissances anormalement difficiles.

Le plus tragique n'est pas tant que ces naissances se produisent, mais qu'un grand nombre d'entre elles – peut-être même la majorité – pourraient très bien être évitées ou, dans le cas contraire, qu'il serait possible, matériellement, d'en limiter les conséquences, grâce à une technologie médicale hautement spécialisée, technologie que l'obstétrique moderne néglige d'utiliser dans certains cas. Mais également, quelles que soient les circonstances, en accordant un maximum d'attention à l'état émotionnel de la femme au moment où elle va être conduite à la salle de travail.

Son état psychologique, à cet instant précis, a une influence énorme sur l'accouchement. Si elle est détendue et confiante, si elle attend avec impatience la naissance de son enfant, il y a de fortes chances que l'accouchement soit simple et facile. Si elle est assaillie par le doute et l'inquiétude, et en conflit avec la perspective d'être mère, les risques de complications augmentent d'autant.

Ce ne sont pas uniquement les dossiers d'accouchement qui nous l'ont appris; nous le savons par le témoignage vécu, en quelque sorte, de l'enfant qui s'apprête à naître. Pendant ces heures en effet l'enfant est, notamment, intensément conscient des sentiments de sa mère, et souvent le souvenir qu'il garde des émotions maternelles peut resurgir des dizaines d'années plus tard, soit spontanément, soit à l'occasion d'une psychothérapie.

Un témoignage de cette nature, le plus surprenant que j'aie eu à connaître, me fut apporté par une femme d'âge moyen que je suivais depuis un an. Ce souvenir refit surface un après-midi, à la fin d'une séance qui s'était révélée particulièrement épuisante pour elle comme pour moi. La femme était en train de parler d'un sujet qui n'avait rien à voir avec la naissance, quand soudain elle s'arrêta au beau milieu d'une phrase et l'expression de son visage changea. Avant que j'aie eu le temps de lui demander ce qui n'allait pas, elle se mit à décrire la peur qu'avait éprouvée sa mère pendant sa naissance et comment elle-même avait senti que cette peur avait poussé celle-ci à former une sorte de cocon protecteur. « Je savais qu'elle n'allait pas m'aider à naître, dit-elle, et j'étais terrifiée parce que je savais aussi que j'allais être obligée de me débrouiller seule. » Une autre de mes patientes, un peu plus jeune, née par césarienne, avait un souvenir de naissance aussi dramatique. Elle se rappelait la terreur de sa mère pendant que le chirurgien se préparait à inciser : « Je sentais à quel point elle était terrifiée à la vue du bistouri. »

Un des problèmes purement scientifiques posés par ces récits est qu'ils sont souvent difficiles à vérifier. Ou il manque le témoignage de la mère, ou, pour une raison quelconque, celle-ci est incapable – ou ne veut pas – se rappeler les détails de la naissance. Cependant, de nombreuses recherches conduites avec toute la rigueur scientifique nécessaire confirment de plus en plus que des émotions positives, comme la confiance et l'attente, et des émotions négatives, comme l'anxiété profonde, peuvent exercer un rôle sur le déroulement de l'accouchement.

Une étude réalisée par des chercheurs de l'université du Michigan a montré que les femmes anxieuses ont un travail beaucoup plus long que celles qui abordent l'accouchement avec calme. Une autre étude, effectuée à l'université de Cincinnati, est encore plus probante. Cette fois, les chercheurs n'ont pas analysé l'anxiété proprement dite, mais les différents types d'anxiété et de stress, et les conséquences que chacun de ces types avait sur la durée du travail et les contractions utérines. Dix facteurs psychologiques furent ainsi particulièrement étudiés. Les trois facteurs qui prolongeaient le plus le travail et produisaient les contractions les moins efficaces étaient respectivement : « l'attitude à l'égard de la maternité », « la relation avec la mère » et « les anxiétés, inquiétudes et peurs normales ». Autrement dit, les femmes qui avaient les accouchements les plus faciles étaient aussi celles qui manifestaient les sentiments les moins ambivalents à l'égard de la maternité, étaient le moins en conflit avec leur propre mère et, d'une façon générale, les moins anxieuses. Une autre constatation rassurante ressortant de cette étude était l'effet minime produit par l'appréhension normale de la femme sur la durée du travail ou les contractions utérines.

Un grand nombre d'études font apparaître que les complications à la naissance sont également plus fréquentes chez les femmes sérieusement perturbées. L'une d'elles, réalisée il y a quelques années à Brown University, porte sur cinquante femmes, dont une moitié étaient jugées par les chercheurs perturbées avant la naissance, et l'autre moitié normales (c'est-à-dire souhaitant cette naissance). Après l'accouchement, un groupe d'obstétriciens étrangers à l'expérience étudia le dossier de chaque femme et leurs conclusions furent tout simplement impressionnantes.

Toutes les femmes perturbées avaient eu au moins une complication pendant l'accouchement, allant de l'incident mineur – un enfant né avec le nez légèrement meurtri – aux complications plus graves – une prématurité dans plusieurs cas, et un enfant mort-né dans deux cas. Les observations portant sur les femmes estimées « normales » étaient tout aussi spectaculaires : on ne relevait aucune complication ni difficulté à l'accouchement.

Bien sûr, cela ne veut pas dire qu'un stress maternel, même grave, endommagera automatiquement l'enfant. Pourtant nous savons combien de souffrances physiques et émotionnelles nous pourrions éviter – « nous » étant en l'occurrence les obstétriciens, les psychiatres, les sages-femmes et les infirmières – simplement en accordant autant d'importance à la santé émotionnelle de la femme enceinte qu'à sa santé physique.

Une autre mesure permettrait probablement de diminuer les risques physiques liés à la naissance et réduirait très certainement les risques psychologiques. Elle est très simple et consiste en une utilisation plus sage et plus modérée des médicaments, du forceps, du « monitoring » fœtal, des césariennes et de toute la technologie compliquée qui en est venue peu à peu à s'imposer.

Dans les cas où la mère ou l'enfant sont en danger, cette technologie peut être une question de vie ou de mort pour l'enfant. Et c'est bien à cela qu'elle est destinée : aux urgences. Malheureusement, la plupart des obstétriciens appliquent systématiquement la technologie ainsi mise à leur disposition à des femmes qui n'en ont pas besoin. Huit pour cent des femmes américaines se voient administrer au moins un médicament pendant l'accouchement ; trente pour cent des enfants nés par voie naturelle sont littéralement extraits de leur mère avec un forceps et quinze pour cent du chiffre total des accouchements se font par césarienne.

Il est difficile d'évaluer le tort physique réel fait à la mère et à l'enfant par ces méthodes ainsi que par l'arsenal très puissant de l'obstétrique moderne. Presque toutes les autorités en la matière reconnaissent qu'un accouchement sans médicament est meilleur et plus sûr. Les médicaments nuisent-ils physiquement à l'enfant ? Oui, à court terme, répondent la majorité des études dont nous disposons. Les nouveau-nés dont les mères ont eu une anesthésie générale pendant l'accouchement ont tendance à se montrer plus paresseux après la naissance et peuvent présenter une coordination motrice inférieure à la normale. Parfois, ces symptômes persistent pendant plusieurs années après la naissance.

Les césariennes posent le même problème. Là encore, presque tous les spécialistes sont d'accord : l'accouchement est meilleur et plus sûr sans intervention médicale. Ce qui n'a pas empêché le taux des césariennes pratiquées aux États-Unis d'augmenter de deux cents pour cent au cours des vingt dernières années. Cette escalade alarmante a été déclenchée par l'apparition du monitoring cardiaque fœtal qui permet de surveiller électroniquement et de façon continue le rythme cardiaque de l'enfant ainsi que sa respiration pendant l'accouchement. Selon les obstétriciens, cette technique les aide à repérer plus vite le bébé en difficulté et à lui venir plus rapidement en aide, habituellement en pratiquant une césarienne. Ils *affirment* être en mesure, grâce à la césarienne et au monitoring, de sauver des enfants qui, il y a quelques années, seraient morts pendant l'accouchement. Mais ils ne peuvent cependant fournir aucun chiffre à l'appui. Personnellement, je me range dans le camp de ceux qui pensent que la multiplication des césariennes a eu pour unique résultat d'exposer inutilement un nombre de plus en plus imposant de mères et d'enfants aux risques que présente toute intervention chirurgicale.

Le forceps est un autre outil à double tranchant auquel fait appel l'obstétrique. Si l'on considère que le plus léger déplacement de la branche de métal ou une pression un peu trop accentuée peuvent endommager définitivement le cerveau du bébé, est-il vraiment sage d'utiliser cet instrument dans près d'un tiers des accouchements? Un nombre croissant de spécialistes estiment que non, dont le Dr Cheek, selon qui les blessures *signalées* imputables au forceps ne représentent qu'une fraction du chiffre total de celles-ci. D'après lui, il s'en produit un nombre considérable au moment de la naissance, qui sont par la suite attribuées à une autre cause. Il cite comme exemple des troubles résultant d'une mauvaise manipulation du forceps la tension et la migraine.

C'est d'ailleurs dans des circonstances inattendues que le Dr Cheek prit conscience de cette corrélation. Il faisait une croisière quand un des passagers fut victime d'un violent mal de tête. L'homme en question souffrait depuis longtemps de maux de tête très localisés : au niveau du front, juste au-dessus de l'œil droit. Le passager en attribuait l'origine à une blessure à l'œil datant de son enfance.

Il se trompait. Sous hypnose, il rappela très vite les circonstances dans lesquelles s'était produite cette blessure, puis remonta rapidement jusqu'à sa naissance qui, d'après le récit qu'il en faisait, avait été éprouvante. Il décrivit les cris de sa mère et eut soudain l'impression que sa tête explosait sous le coup d'une violente douleur.

A la question du thérapeute, il déclara qu'il avait surtout mal au front, au-dessus de l'œil droit, mais qu'il sentait également quelque chose de dur derrière le cou, dans la région de la nuque. Pour le Dr Cheek, cela ressemblait fort à un accouchement au forceps, ou plutôt à une tentative ratée. Le forceps – et la douleur – aurait dû presser les côtés de la tête de l'enfant, derrière les oreilles. Le fait que la branche du forceps responsable de la douleur la plus intense ait appuyé sur le front semblait expliquer l'origine des maux de tête.

Le Dr Cheek aurait pu quitter le bateau avec tout au plus une certaine intuition et une anecdote intéressante, mais le hasard lui fit rencontrer sur le quai la mère de sa nouvelle connaissance. De toute évidence, la dernière des choses à laquelle elle se serait attendue en venant chercher son fils était l'interrogatoire en règle auquel la soumit le Dr Cheek à propos de la naissance de ce dernier. Mais quand il lui en expliqua les raisons, elle déclara que oui, en effet, cette naissance avait été très difficile. Elle-même avait énormément souffert. Pendant quelques instants, l'enfant avait frôlé la mort. Ce qui l'avait sauvé, déclara-t-elle, et de justesse, fut l'accouchement au forceps pratiqué au dernier moment et en désespoir de cause par son obstétricien.

Je sais bien qu'il faut plus d'un témoignage, même s'il est confirmé dans ses moindre détails comme celui-ci, pour vérifier une hypothèse. Des maux de tête récurrents peuvent être causés par une foule de choses, depuis une simple tension jusqu'à une tumeur au cerveau. Nous ignorons l'importance des dégâts provoqués par le forceps parce que nous avons encore très peu étudié les conséquences durables non seulement de son utilisation, mais de toutes les autres pratiques et procédures courantes de l'obstétrique, des échographies aux épisiotomies.

Dans certains cas, ces techniques ont un caractère vital. Mais elles sont utilisées en permanence et de façon nettement abusive. Comme l'a souligné le Dr Leboyer, on aurait du mal à imaginer une venue au monde plus brutale que celle conçue, même involontairement, par l'obstétrique pour la génération actuelle d'enfants. Le plus souvent, le bébé naît dans une pièce violemment éclairée où domine la froideur de l'acier inoxydable, remplie d'étrangers masqués aux mains gantées. Une fois qu'il est né, on le soustrait habituellement à une mère le plus souvent abrutie par les médicaments pour le déposer sans cérémonie dans une nursery peuplée d'autres enfants terrifiés et hurlants.

Le plus surprenant n'est pas que ce système soit aujourd'hui contesté, mais qu'il ait fallu si longtemps aux parents et aux médecins pour le faire. Vingt ans plus tôt, il n'y avait pas de Dr Leboyer, pas de recherches sur la naissance ni sur la formation de l'attachement avec la mère, mais le simple bon sens aurait dû nous souffler que ce système était à la fois erroné et inhumain.

Tout ce que nous avons appris au cours de ces dix dernières années nous montre que même si nous l'avions voulu, nous n'aurions pas pu inventer une façon de naître pire que celle-ci. Or la grande majorité des enfants du monde occidental continuent à venir au monde dans un environnement peut-être parfait pour un ordinateur, mais foncièrement inadapté à la naissance d'un être humain.

On peut citer un petit exemple caractéristique d'une pratique qui continue à être utilisée malgré tout ce que nous avons appris; il s'agit de la séparation de la mère et de l'enfant immédiatement après la naissance. Le grand argument de nombreux obstétriciens est que cette séparation est nécessaire parce que la mère et l'enfant, après l'épreuve épuisante que représente la naissance, ont avant tout besoin d'un maximum de repos. Mais toutes les recherches récentes portant sur la formation du lien parent-enfant montrent que c'est faux; ce dont la mère et le nouveau-né ont essentiellement besoin et ce qu'ils souhaitent le plus pendant ces minutes et ces heures n'est pas de dormir ou de s'alimenter, mais de se toucher, de se caresser, de se regarder, de s'écouter. Des centaines d'études l'ont amplement prouvé au cours de ces dernières années.

Revenons un instant au film dont je parlais un peu plus haut. Ce qui nous fascinait, les spectateurs du Kantonspital et moi-même, c'était la manière dont la réalisatrice avait réussi à capter avec la caméra la formation de ce lien. Les mères et les enfants qu'elle montrait n'étaient ni abrutis par les médicaments, ni épuisés. C'étaient de vieilles connaissances, débordant d'amour, qui mouraient d'impatience de se voir enfin.

L'œil brillant et le regard alerte, les bébés cherchaient leur mère aussitôt nés. Aucun ne voyait à plus d'une trentaine de centimètres et tout ce qui était aussi éloigné que le visage de leur mère se situait hors de leur champ visuel. Mais chaque fois qu'une mère parlait, son enfant tournait ou essayait de tourner la tête dans la direction de sa voix. Dès qu'on plaçait le bébé sur l'estomac de sa mère, il commençait avec vigueur à remonter, un peu comme un nageur, en direction de son sein. Mais le plus étonnant était peut-être l'absence presque totale de pleurs chez ces enfants. Jusqu'au moment où l'infirmière arrivait pour les emmener, ils étaient parfaitement calmes et satisfaits.

Je pense que l'assistance était encore plus frappée par le comportement des mères. Nous appartenions tous au milieu médical – médecins, infirmières, psychologues, psychanalystes – et étions familiarisés avec la naissance; beaucoup d'entre nous avaient procédé à des accouchements. Mais je pense que personne n'avait jamais vu de femmes se glisser dans le rôle maternel avec autant de facilité que celles qu'on nous présentait sur l'écran. Il suffisait de regarder leurs actions et leurs gestes. Leur seule façon de serrer contre elles et de bercer leur bébé en disait plus long que des volumes sur l'amour maternel. La réalisatrice du film, une jeune Allemande nommée Sigrid Enausten, raconta plus tard que l'une des choses qui l'avaient le plus impressionnée pendant le tournage était d'entendre les mères parler à leur bébé. Le ton de la voix s'adoucissait, elles employaient des mots simples, même les verbes changeaient. Tout ce langage était visiblement dicté par l'instinct car dès qu'un médecin ou une infirmière s'adressait à une mère, la voix de celle-ci retrouvait automatiquement un ton adulte et ses mots devenaient plus complexes.

Sigrid Enausten nous dit aussi qu'elle avait été surprise de constater que ces femmes ne semblaient pas se soucier du sexe de leur enfant. C'est habituellement la première question que pose la nouvelle mère, mais celles-ci étaient si émues et si excitées de voir leur bébé et de le toucher qu'elles ne remarquaient pas si c'était un garçon ou une fille, ou ne le demandaient qu'une demi-heure, voire une heure après la naissance. Cela suffisait que l'enfant soit là, tout simplement, en sécurité et en bonne santé. La réalisatrice nota aussi l'assurance avec laquelle ces femmes tenaient leur enfant. Un grand nombre d'entre elles étaient mères pour la première fois, mais aucune ne manifestait la moindre inquiétude ou réticence. Toutes tenaient leur enfant avec le savoir-faire d'une mère expérimentée.

Nous ignorons dans quelle mesure ces enfants bénéficièrent de leur naissance sans violence; il s'agissait d'un film, non d'une étude clinique. Mais les résultats de plusieurs travaux récents indiquent que ces bébés en tirèrent certainement un énorme profit. Ces études analysaient différents types de naissance et leurs répercussions sur le développement intellectuel et émotionnel ultérieur de l'enfant. Les chercheurs relevaient trois constantes chez les enfants qui apprennent le plus vite et semblent les plus heureux : une naissance naturelle, une salle de travail calme, et un certain laps de temps passé avec leur mère après la naissance. En d'autres termes, une expérience vécue très semblable à celle des nouveau-nés du film.

Par ailleurs, nous savons que, indépendamment de la façon dont naît un enfant, la formation du lien avec la mère ne peut s'accompagner que de conséquences bénéfiques. Les souvenirs qu'aura le nouveau-né de son attachement primal avec sa mère continueront à se faire sentir plus tard dans l'état de sécurité émotionnelle qui sera le sien. C'est ce qu'ont démontré les travaux de deux pionniers en la matière, le Dr Marshall Klaus et le Dr John Kennell de la Case Western Reserve University, de Cleveland. Les « nouveau-nés en processus d'attachement », comme ils les baptisèrent, devinrent de jeunes enfants beaucoup plus indépendants et ouverts que ceux qui avaient été retirés à leur mère immédiatement après la naissance.

Il existe une autre série d'études, aujourd'hui classiques et qui figurent parmi les plus originales et les plus intelligentes jamais réalisées sur l'attachement entre la mère et le nouveau-né. Les deux chercheurs, un couple de l'université du Wisconsin, Harry et Margaret Harlow, voulaient savoir ce qui se passerait si on isolait un groupe de bébés singes immédiatement après leur naissance pour les mettre dans une cage avec une mère de remplacement. Pour cela, les Harlow conçurent deux mères artificielles qui n'étaient à vrai dire que la version simiesque d'un épouvantail. L'une avait un corps en fil de fer, une tête en bois et un mamelon bien en vue sur une de ses mamelles métalliques d'où coulait du lait. L'autre mère en toc était identique, à ceci près que les Harlow lui avaient entouré le corps d'une serviette en tissu éponge (le mamelon pointant par un trou pratiqué dans la serviette.) Ce simple détail, comme ils purent l'observer, faisait toute la différence dans le monde des singes.

Les nouveau-nés dans la cage de la mère en fil de fer burent autant de lait et grossirent de la même façon que ceux qui avaient hérité de la mère en tissu. Mais chaque fois que les singes avaient la liberté de choisir leur mère, ils préféraient tous passer leur temps avec la mère entourée d'une serviette éponge. Ils s'agrippaient à elle et la serraient comme si elle avait été une mère réelle – ce qui ne se produisit pas une seule fois avec la mère en fil de fer. Un jour, les chercheurs eurent l'idée de remonter un petit jouet mécanique qui traversa bruyamment l'aire de jeu des bébés singes; affolés, ceux-ci se précipitèrent avec un bel ensemble vers la mère en tissu. Elle s'était acquis leur confiance et leur affection par le simple fait d'être entourée d'un textile pelucheux.

Si même un bébé singe peut faire preuve de cette extrême sensibilité au contact et au toucher, que dire d'un enfant d'homme vieux de trois jours! Que se passe-t-il dans sa tête pendant qu'il est couché dans une nursery impersonnelle et bruyante, entouré d'étrangers? Quelles répercussions l'absence de tout contact humain pendant ces heures critiques aura-t-elle sur lui, sur ses sentiments à l'égard de sa mère, de son père et, un jour, de sa propre femme et de ses enfants? Par bien des aspects, les perspectives sont peu encourageantes...

Chapitre 6

LA FORMATION DU CARACTÈRE

Il devrait maintenant être clair que la naissance est une des expériences les plus essentielles que nous ayons à connaître. Les jeux auxquels nous jouons enfants, nos divertissements d'adultes et même notre vie sexuelle sont, d'une façon ou d'une autre, liés à la naissance. Pour ne prendre qu'un exemple ordinaire : pourquoi un enfant passe-t-il des heures à se balancer doucement d'avant en arrière sur une balançoire de jardin? Ce n'est pas un jeu ni une technique que lui ont appris ses parents ou ses professeurs. Les enfants sont instinctivement attirés vers les balançoires parce que leur mouvement reproduit le doux balancement de l'utérus. L'adulte applaudissant l'habileté du prestidigitateur qui sort un lapin de son chapeau obéit au même type de réflexe. L'apparition mystérieuse de ce lapin venu de nulle part lui rappelle inconsciemment sa naissance. Cette re-création symbolique du vécu intra-utérin fait que les tours de magie ont toujours exercé un attrait puissant sur l'imagination humaine.

Beaucoup de nos petites particularités individuelles peuvent aussi être expliquées par la naissance. Nous connaissons tous des personnes qui, même par un temps de chien, ne porteront jamais de chapeau, de col roulé ou d'écharpe, ni aucun vêtement serré autour du cou. En général, leurs amis y voient des manies sans importance, mais je crois, quant à moi, qu'il faut chercher l'origine de ces aversions dans une naissance agitée. La plupart des nouveau-nés viennent au monde avec une présentation par la face, c'est-à-dire que la tête et le cou sont les deux régions du corps les plus malmenées pendant l'accouchement. On comprend donc sans peine qu'un individu ayant eu une naissance particulièrement difficile puisse détester plus tard tout ce qui lui comprime la tête et le cou.

Quand je disais un peu plus haut qu'une partie de nous continue toujours à porter sur le monde le regard du nouveau-né que nous fûmes, c'est à ces influences durables que je pensais. Le vécu prénatal et celui de la naissance posent les fondements de la personnalité. Tout ce que nous devenons ou espérons devenir, nos rapports avec nous-même, avec nos parents et avec nos amis : tout est influencé par ce qui nous est arrivé pendant ces deux phases capitales. Maintenant que nous avons vu de quelle façon notre expérience intra-utérine nous modèle, j'aimerais que nous examinions comment notre naissance contribue elle aussi à former notre personnalité.

Les répercussions durables des souvenirs de la naissance se dégagent très nettement de la deuxième partie de l'étude que j'ai pu mener avec mes patients. Elle montre indirectement que si nous sommes plus gais ou plus tristes, plus en colère ou plus déprimés que d'autres, c'est dû, au moins en partie, à la façon dont nous sommes nés, bien que je n'aie pu observer que très rarement une corrélation précise entre la naissance proprement dite et des sentiments comme la colère et la dépression. Mais ces rapports apparaissent essentiellement dans les comportements sexuels.

D'une façon générale, nos goûts sexuels en disent long sur notre personnalité. Un moi fort et une haute estime de soi sont presque invariablement associés à une sexualité saine, tandis qu'un moi fragile ou meurtri et l'autodépréciation produisent le plus souvent des prédilections sexuelles marquées et parfois dangereuses. Un bon exemple de cette correspondance nous est fourni par le lien que j'ai constaté entre l'accouchement déclenché et les perversions sexuelles. Une personne qui éprouve du plaisir à tourmenter son ou sa partenaire souffre d'un déséquilibre général de la personnalité; cette observation s'est trouvée confirmée par le fait que l'accouchement déclenché est non seulement lié au sadisme sexuel, mais à une personnalité masochiste.

On déclenche un accouchement en injectant par voie intraveineuse à la mère un dérivé chimique de l'ocytocine. Ce produit provoque les contractions de l'utérus et l'enfant naît. Toutefois, si on cesse d'administrer de l'ocytocine, les contractions s'interrompent et le travail peut alors devenir une épreuve longue et frustrante.

Beaucoup de femmes chez qui l'accouchement est déclenché (et il est important de souligner que la plupart du temps, il l'est sur la demande ou l'insistance de l'obstétricien) parlent de cette expérience comme de quelque chose de « subi ». Elles ont le sentiment que ces contractions ne viennent pas d'elles, mais leur sont imposées de l'extérieur. Il en résulte que le contrôle des opérations échappe à la mère et qu'il lui est beaucoup plus difficile de pousser au rythme des contractions. La mère n'est pas en harmonie avec son corps, et encore moins avec son bébé.

Celui-ci, qui n'est pas prêt à naître, est expulsé de l'utérus du fait des contractions, mais reçoit peu d'aide de la part de sa mère si elle est incapable de pousser à ce moment-là, ou si elle le fait à contre-temps. De plus, comme les contractions de la mère manquent d'efficacité et que l'accouchement déclenché est en général plus long qu'un travail spontané, le bébé doit souvent venir au monde à l'aide du forceps.

Ce type de naissance est particulièrement frustrant pour la mère et pour l'enfant. Le travail leur est imposé de l'extérieur alors que ni l'un ni l'autre n'étaient physiologiquement prêts. Ils n'ont pas été capables de travailler ensemble pendant l'accouchement et les observations que j'ai faites semblent confirmer que cette absence d'harmonie peut retarder ou empêcher ensuite la formation de l'attachement entre la mère et l'enfant.

Par ailleurs, le déclenchement du travail n'est pas à recommander car il est physiquement dangereux. « Chaque fœtus y réagit de façon différente », déclare le Dr Edward Bowe, directeur du service d'obstétrique clinique du Columbia Presbyterian Medical Center de New York, dont les recherches sur le rôle de la Pitocine (une ocytocine de synthèse couramment utilisée pour provoquer l'accouchement) font autorité. « Vous ne pouvez pas savoir d'avance quelle femme supportera bien cette procédure et aura un travail normal, et celle qui présentera des contractions tétaniques (prolongées) pendant lesquelles le fœtus pourra souffrir de dommages cérébraux ou même mourir par manque d'oxygène. »

Les risques décrits par le Dr Bowe expliqueraient

La formation du caractère

pourquoi les sujets de mon étude dont la naissance avait été provoquée étaient aussi ceux qui avaient présenté le taux le plus élevé de complications. Ce qui les mettait doublement en danger puisque, indépendamment de ces circonstances précises, un accouchement difficile − quelles qu'en soient les raisons − s'accompagne de ses propres risques émotionnels, physiques et sexuels.

Beaucoup de mères éprouvent des moments de plaisir intense pendant l'accouchement, de même que l'enfant lorsqu'il traverse la filière génitale. C'est en effet son premier contact physique (rappelez-vous : il vient de passer neuf mois immergé dans la poche protectrice de liquide amniotique) et ce passage laisse sur lui une impression indélébile.

Et puis, brusquement, tout son corps est saisi et pressé. Sa peau reçoit pour la première fois une stimulation directe. En même temps que cette stimulation, il éprouve une douleur fulgurante. Les contractions utérines exercent une pression considérable sur son corps, surtout sur sa tête, son cou et ses épaules.

Cette combinaison de souffrance et de plaisir marqueront durablement ses goûts sexuels. En général, plus le plaisir domine dans les sensations éprouvées par l'enfant, plus il aura de chances de faire preuve par la suite d'un comportement sexuel normal.

Si je peux me fier aux résultats de mon étude, et je le pense, je dirai que les expériences vécues pendant la naissance jouent un rôle essentiel dans la formation des goûts sexuels. Les enlacements, caresses, baisers, chuchotements et murmures qui caractérisent le comportement sexuel adulte ont de nombreux points communs avec la naissance et avec les conduites qui en découlent.

J'en viens aux césariennes. Les caresses et les massages que reçoit le bébé pendant son passage par la filière génitale constituent son premier contact sensuel et, même diffuses ou imprécises, ces sensations et leur qualité auront une influence permanente sur sa personnalité. Elles annoncent la sexualité adulte ou, inversement, son absence. C'est pourquoi on relève souvent chez les enfants nés par césarienne des comportements sexuels (et même physiques) très différents.

L'accouchement par voie chirurgicale prive l'enfant des plaisirs physiques et psychologiques que connaît celui qui naît par la voie naturelle. Passant directement de l'utérus maternel à la salle d'opération, il lui manque cette phase de massage et de caresses. Les sentiments qu'éveille en lui la naissance ont quelque chose de discordant. Ainsi, sur le plan physique, l'enfant né par césarienne perçoit mal l'espace. La connaissance des proportions de son corps ne lui est pas naturellement acquise ; il semble ne pas bien savoir où il commence et où il finit et se montre maladroit. Sur le plan sexuel, ces effets se traduisent par un besoin intense de contacts corporels. L'enfant né par césarienne réclame et même exige d'être perpétuellement serré dans les bras et caressé. Il suffit de repenser à sa naissance pour comprendre d'où lui vient cet appétit de contact.

La douleur est la seconde composante essentielle de la naissance. Pour le nouveau-né, elle contraste violemment avec le plaisir auquel elle est mêlée. Rien dans sa vie intra-utérine ne l'a préparé à la souffrance et à la terreur qu'il éprouve pendant la traversée de la filière génitale. En dépit de quelques intervalles magiques de plaisir, il est la proie d'une agression qui ne lui laisse pas une minute de repos. Nous gardons tous l'empreinte profonde de ce voyage, de ses contrastes étonnants et épuisants dont l'influence est reflétée par nos symboles culturels et religieux. L'opposition entre le ciel et l'enfer, ou l'expulsion d'Adam et Ève du Paradis, peuvent être comprises comme des paraboles de la naissance, de même qu'un grand nombre de nos mythes les plus permanents. On pourrait aller jusqu'à dire que comme nous naissons, nous mourons. On relève en effet une étonnante similitude entre ces deux moments dans les récits faits par des individus déclarés cliniquement morts pendant une brève période. Pour le savant et écrivain Carl Sagan, cette similitude exprimerait, en fait, l'universalité de l'expérience vécue de la naissance.

Sur le plan sexuel, ces contrastes se traduisent par l'ambivalence. Celle-ci se manifeste sous des aspects différents chez les hommes et chez les femmes, et certains d'entre nous y sont plus sensibles que d'autres puisque le rapport souffrance/plaisir de la naissance varie de personne à personne. On trouve à sa racine le désir inconscient de revivre la joie et la tranquillité, l'impression de sécurité qui étaient nôtres dans l'utérus. Chez les hommes, cette aspiration profonde s'exprime souvent par l'instabilité sexuelle. Le donjuanisme n'est, en réalité, que le désir voilé de retrouver et de regagner la sérénité utérine. Or comme ce but est, par sa nature même, inaccessible, chaque nouvelle étreinte impulsive se termine sur une déception.

Tout en présentant les caractères extérieurs de l'instabilité sexuelle, ce désir de retour à l'utérus se traduit chez les femmes par le besoin, extérieurement très différent, d'être serrées dans les bras et câlinées. L'un et l'autre étant en général liés à l'acte sexuel, beaucoup de femmes, surtout les femmes seules, optent pour l'instabilité sexuelle afin d'obtenir ce qu'elles désirent. L'intensité de ce besoin est extrêmement variable, comme l'est la qualité de la naissance. Certaines femmes ne se sentiront jamais pleinement satisfaites par les gestes précis de la tendresse; chez d'autres, ce besoin d'être câlinées et doucement bercées est presque tangible. Il y a plusieurs années, une jeune femme disait de ce besoin, au psychiatre Marc Hollander, qu'il était une « sorte de malaise [...] Cela n'a rien à voir avec le désir d'être avec quelqu'un qui n'est pas là, par exemple. C'est une sensation physique ». Cette femme répondait aux questions posées par le Dr Hollander dans le cadre d'une étude sur les femmes et le besoin de contact physique. Les observations du praticien montrent à quel point ce besoin – et donc l'influence de la naissance – est profond. Sur trente-neuf femmes interrogées, un peu plus de la moitié (vingt et une) déclarèrent avoir eu des contacts sexuels afin d'être caressées par leur partenaire. La majorité de ces femmes réclamaient d'abord ce contact; les hommes, eux, désiraient l'acte sexuel. Si bien que pour avoir l'un, elles acceptaient l'autre.

Une autre étude, très différente (elle portait sur les grossesses illégitimes), montre jusqu'où une femme est capable d'aller pour que son besoin de contact soit satisfait. La question que se posaient les chercheurs était la suivante : pourquoi certaines femmes sont-elles régulièrement enceintes hors du mariage? Ils s'attendaient à toute une variété de motivations émotionnelles complexes, mais constatèrent de nouveau ce désir de contact physique. Sur les vingt femmes interviewées, toutes mères de trois enfants illégitimes ou plus, huit affirmaient que l'acte sexuel était le prix à payer pour être caressées et câlinées. Pour la plupart, l'acte sexuel proprement dit « était simplement une chose qu'il fallait supporter ».

La colère est un autre héritage de la naissance que nous avons tous en commun. Il est largement admis en psychologie que la colère est produite par la souffrance; étant donné que celle-ci, même dans le meilleur des cas, fait partie intégrante de la naissance, il est inévitable que nous conservions tous quelques vestiges de cette colère primale. C'est parfaitement normal. Cependant il y a un risque quand ces vestiges sont importants et que la colère demeure inexprimée. La cause peut en être une naissance anormalement pénible; toutefois, même un accouchement considéré comme normal peut éveiller la fureur de l'enfant si la douleur confirme ce qu'il avait déjà commencé à percevoir in utero : une mère rejetante ou ambivalente. Nous en avons vu un exemple avec Kristina qui refusait le sein maternel. Pour elle comme pour les nouveau-nés appartenant à cette catégorie, les expériences profondes de l'accouchement font pencher l'équilibre de la naissance vers la souffrance. Chez ces enfants, la colère tombe rarement dans la mesure où ils ne peuvent l'extérioriser de façon acceptable. Ils la retournent alors très fréquemment contre eux-mêmes. La colère inexprimée est un phénomène psychologique courant, responsable de nombreux troubles émotionnels, dont la dépression et les maladies psychosomatiques, ou les ulcères.

Bien que la dépression puisse être imputée à une quantité de facteurs, y compris les facteurs physiologiques, la colère primale joue souvent un rôle essentiel. Je citerai l'exemple d'un homme, appelons-le Ian, dont le cas fut mentionné à l'occasion d'un colloque de l'American Psychiatric Association. Ian était un déprimé chronique profond. Sous hypnose, expliqua son médecin pendant une réunion de travail, Ian déclara qu'il avait l'impression d'être dans un ascenseur qui montait et descendait et qu'il se sentait tour à tour en colère ou déprimé. Analysant cette image, Ian et le médecin parvinrent à la conclusion que le mouvement de l'ascenseur symbolisait l'acte sexuel. Mais Ian fut incapable de pousser plus avant l'analyse; il ne pouvait pas non plus expliquer l'alternance de colère et de dépression qu'il éprouvait à la simple pensée de ce qu'il avait ressenti sous hypnose.

A la séance suivante, Ian possédait la réponse. Il n'aurait pu dire pourquoi, expliqua-t-il, mais quelque chose dans l'image de l'ascenseur, peut-être la colère, était lié à sa mère. Il ne s'était jamais entendu avec elle et, en repensant à cette représentation et aux émotions qu'elle suscitait, il eut l'intuition qu'elle avait un rapport avec les sentiments qu'il portait à sa mère. Il lui téléphona et lui demanda à brûle-pourpoint si elle avait eu des rapports sexuels avec son père quand elle était enceinte. « Oui, répondit-elle après une brève hésitation, juste avant que tu naisses. » Elle tint à lui préciser qu'elle n'en était pas responsable; le père de Ian était rentré ivre un soir et l'avait obligée à remplir son devoir conjugal. Trois heures plus tard, le travail se déclenchait. « En écoutant Ian, dit son psychiatre, je me suis senti l'âme d'un petit Newton devant sa pomme. Toutes les pièces du puzzle se mettaient soudain en place. » Je pense que ce serait le cas pour n'importe quel psychiatre, même le plus sceptique. Jusqu'au jour où il avait réussi à débrouiller les fils,

Ian avait intériorisé la colère provoquée en lui par la « trahison » de sa mère et qui était responsable de sa longue et profonde dépression.

Nous ne comprenons pas encore dans le détail comment des émotions primales comme la colère ou l'ambivalence aboutissent aux troubles psychiatriques de l'enfance et de l'adolescence. J'ai observé toutefois chez mes propres patients une corrélation entre les désordres alimentaires (y compris l'obésité) d'une part, la naissance et la période qui la suit immédiatement d'autre part.

Outre le fait qu'ils nous fournissent les éléments nécessaires, les aliments jouent de multiples rôles psychologiques, importants pour nous et, du moins je le pense, pour le nouveau-né. Pour les uns, ils seront un substitut à la sexualité, pour d'autres un substitut à l'amour, pour d'autres encore une source de sérénité.

Dès que nous entreprenons d'explorer le domaine des rapports existant entre les émotions primales liées à la naissance et les caractéristiques de la personnalité adulte ultérieure, un nombre croissant de correspondances sautent aux yeux. Les individus obèses se créent un monde à part; ils sont isolés du reste de l'univers par une épaisse couche de graisse qui, tel le liquide amniotique, les protège en établissant une distance entre eux et le monde extérieur. Sur le plan émotionnel, l'obésité peut avoir diverses significations; elle peut être la négation de la naissance (« Je suis toujours dedans ») ou le refus de celle-ci (« Je ne sortirai pas »). D'une certaine façon, être gros revient à symboliser physiquement, au moyen de son propre corps, le processus de la naissance. Le corps de l'obèse peut représenter à la fois le corps de la mère enceinte, « grosse » de l'enfant qu'elle porte, et le corps très indifférencié de cet enfant présent en elle. C'est parfois une façon d'affirmer (toujours au niveau de l'inconscient et du symbole) que le processus qui doit intervenir entre ces deux êtres demeure inachevé.

Dès le départ, la nourriture se charge pour nous d'une formidable valeur psychologique. Là encore, elle est utilisée comme substitut à la sexualité ou à l'amour, ou encore pour contrôler les frustrations. Ce processus commence au stade du nouveau-né. Le nombre des repas, la qualité des aliments, l'attention avec laquelle l'enfant sera nourri sont autant d'éléments chargés de signification qui exerceront plus tard une influence sur son comportement à l'égard de la nourriture. Par exemple, une mère qui a une bonne opinion d'elle-même et de son bébé, qui garde d'autre part des souvenirs heureux (conscients ou inconscients) de ses premiers rapports avec sa mère, aura vraisemblablement envie d'allaiter. Il en résultera chez son enfant un comportement sain et équilibré à l'égard de la nourriture. Ce n'est pas l'allaitement maternel en soi qui suscitera miraculeusement une telle attitude chez lui. En effet, si la femme se sent mal à l'aise, ou si l'alcool ou le tabac contaminent son lait, l'enfant en retirera probablement une impression très différente. Apprenant qu'il ne peut faire confiance ni à celle qui le nourrit, ni à la qualité de cette nourriture, il en viendra à associer inconsciemment la nourriture à des émotions négatives, ce qui, à l'âge adulte, peut le mettre à la merci de n'importe quel désordre alimentaire, et ils sont nombreux.

Je pense qu'on peut trouver la trace de certaines formes d'obésité dans les expériences alimentaires de la petite enfance. Par exemple la rupture brutale et anormale du lien mère/nourriture. Dans l'esprit de l'enfant, la nourriture s'est peu à peu associée à l'amour, à la sécurité, à la tranquillité; elle représente pour lui une source d'émerveillement particulièrement riche en valeurs émotionnelles. Si cette source disparaît subitement parce que la mère est malade ou trop prise par son travail pour continuer à le nourrir, il éprouvera une détresse profonde et visible. Il peut passer le reste de sa vie à essayer de retrouver, à l'aide d'un couteau et d'une fourchette, cet amour perdu.

Bien entendu, ce n'est pas inévitable, et un incident unique, si important soit-il, ne forme pas irrévocablement notre personnalité. A mesure que nous avançons dans la vie, nous continuons à changer et à nous développer. Mais des épisodes comme la naissance ou le sevrage que l'on considérait jusqu'ici comme des phénomènes physiologiques « objectifs », ont un retentissement précis et durable sur la personnalité de l'enfant. A nous d'apprendre à tirer le maximum de profit des chances qui nous sont données.

CHAPITRE 7

POUR UNE CÉLÉBRATION DE LA MATERNITÉ

On s'en est beaucoup pris ces derniers temps à la mécanisation de la naissance, et à juste titre. La transformation de ce qui devrait être un moment humain entre tous en une célébration de la technologie médicale est impardonnable. Les études récentes et les analyses statistiques sont suffisamment éloquentes pour dissiper tous les doutes. Mais à mon sens, aucun réquisitoire ne saurait être plus terrible contre cette appropriation de la naissance que le témoignage apporté par le Dr Michelle Harrison. Il s'agit d'une naissance à laquelle elle assista une nuit, alors qu'elle était interne dans un petit hôpital de la banlieue de New Jersey. Que la salle d'accouchement en question se soit trouvée dans cette ville est purement accidentel. La scène aurait très bien pu se passer dans n'importe quel hôpital américain, français, anglais, canadien ou italien. Et c'est ce qui rend si intolérable le récit du Dr Harrison.

« Quand j'arrivai dans la salle d'accouchement, écrit-elle, tout allait bien. La patiente poussait doucement, elle gémissait mais ne criait pas. Le travail était en cours depuis plusieurs heures, elle s'était débrouillée seule et de façon satisfaisante, aussi je me dis qu'elle allait pouvoir profiter de la dernière phase [...] Je mis ma blouse, enfilai des gants et l'examinai. Le col de l'utérus était entièrement dilaté, l'enfant ne tarderait pas à naître. J'installai la patiente [...] et puis l'anesthésiste arriva – un homme jeune, sûr de lui. Il s'assit à la hauteur de la tête de la patiente, plaça un masque sur son visage et lui dit de respirer profondément. D'une voix rassurante, il déclara que c'était bientôt fini. Juste deux ou trois contractions. Je lui demandai ce qu'il lui administrait, mais il ignora ma question... Au bout de quelques minutes, il se décida à me répondre, mais je ne compris pas ce qu'il marmonnait. Aucune importance d'ailleurs : l'accoucheur faisait son entrée. L'anesthésiste plongea la femme dans un sommeil plus profond pendant qu'on préparait le médecin et qu'on lui enfilait sa blouse [...] Il entra dans la salle, ignora ma présence et commença à discuter avec l'anesthésiste. Pendant ce temps, la femme luttait avec les tubes insérés dans sa gorge. Le travail s'était interrompu. On fit basculer la table pour permettre au médecin de regarder l'écartement des lèvres. Les deux hommes échangèrent quelques remarques méprisantes. L'anesthésiste se plaignit que sa patiente était en train de s'étrangler; le médecin, qu'il ne fallait pas compter sur elle pour les aider. Elle avait arrêté de pousser et l'utérus ne se contractait plus. On sortit le forceps de son enveloppe stérile et, l'anesthésie ayant été de nouveau renforcée, le nouveau-né fut saisi et tiré hors du ventre de sa mère par les branches métalliques placées de part et d'autre de sa tête. Il était bleu et ne bougeait pas, mais il récupéra après un peu d'oxygène et quelques fessées.

« L'accoucheur et l'anesthésiste continuèrent à discuter tandis qu'on recousait la femme. Ils parlaient de leurs conquêtes féminines, de Porto Rico, des vacances, du temps... L'événement de la naissance se réduisait... à de banales conversations de vestiaire masculines. »

De toute évidence, ce n'est pas la manière idéale de mettre un enfant au monde ni de traiter une femme adulte. L'obstétrique moderne peut et doit faire mieux. La révolution qui s'est produite dans le domaine de la psychologie prénatale nous donne la possibilité de définir les nouveaux droits de nos enfants au moment de la naissance – des droits qui changeront tout pour eux, pour nous leurs parents et, en dernier ressort, pour la société. Nous avons les connaissances voulues, nous en possédons la clé : à nous de les appliquer.

Puisqu'il est prouvé que tout ce qu'une femme pense, éprouve, dit et espère influence son enfant avant la naissance, la qualité de la surveillance natale qu'elle reçoit et les divers types d'accouchement qu'on lui propose doivent commencer à en tenir compte. Je ne veux pas dire qu'il n'existe qu'une seule façon de mettre un enfant au monde ni qu'elle prime sur toutes les autres; ce qui réussit magnifiquement à l'une peut ne donner aucun résultat chez une autre. Mais les diverses possibilités offertes à la future mère doivent être toutes, sans exception, humaines, efficaces, sûres, chargées de sens et appropriées. La naissance est la célébration de la vie et de l'espoir, non un épisode pathologique. Voilà pourquoi l'obstétrique moderne doit revenir à sa fonction première, à son rôle de « baby-catcher », d'attrapeuse de bébé, et ne pas être de la chirurgie; pourquoi elle doit traiter la femme enceinte comme une personne et non comme une « patiente ». Elle doit permettre à la femme et aux siens d'avoir part à toutes les décisions concernant le travail et l'accouchement. Il est inconcevable d'ignorer les souhaits et les désirs de la future mère comme on le fait si souvent. Elle a mérité l'épiphanie émotionnelle de sa grossesse, elle a le droit de jouir pleinement de cette composante essentielle et indissociable de sa nature de femme. Aucun accoucheur n'est autorisé à l'en priver en jouant les petits dieux.

Comme le fait apparaître, sous un éclairage particulièrement gênant, le récit du Dr Harrison, la plupart des obstétriciens ne tiennent pas à partager avec la mère la responsabilité de la naissance de l'enfant. On leur a appris pendant leurs études de médecine que la naissance était un phénomène purement mécanique et ils semblent résolus, indépendamment des désirs de leurs patientes ou de ce qu'ont montré les recherches actuelles, à ne rien changer de leurs habitudes. Heureusement, on compte parmi eux certaines exceptions et, bien qu'encore restreint, leur nombre ne cesse d'augmenter. Il en va de même pour les nouveaux programmes et études centrés sur la famille, qui peuvent contribuer à approfondir et à enrichir la compréhension de la grossesse et de la naissance. Cependant, aucune technique, quoi qu'en disent ses partisans, ne saurait faire l'unanimité. L'obstétricien, les amies et la famille peuvent fournir des conseils et aider à choisir, mais en dernier ressort, c'est à la femme, et à elle seule, de décider. Le fait de pouvoir choisir entre plusieurs options non seulement la tranquillisera, mais lui apportera un sentiment de sécurité dont elle et son enfant tireront profit.

Ce qui ne veut pas dire que les petits pincements d'anxiété s'en trouveront pour autant éliminés. Même les meilleures dispositions prises avant la naissance ne feront pas taire tous les doutes de la future mère; ils sont normaux et absolument humains. Mais sa crainte des vergetures, son souci quant à sa silhouette, sa peur de mal supporter les douleurs de l'accouchement s'apaiseront si elle a la possibilité d'en discuter avec un obstétricien, une sage-femme, des amies, ou une conseillère familiale. Parce qu'elle saura que ce sont des craintes universellement répandues, elle se sentira soulagée. Elle éprouvera le même réconfort de s'être familiarisée avec ce qui l'attend; la salle d'accouchement lui paraîtra beaucoup moins intimidante ou effrayante si elle l'a déjà visitée; de même que les médecins et les infirmières du service si elle a eu l'occasion de faire leur connaissance avant le jour « J ».

Un changement de perspective aidera aussi la mère, en particulier quand les conséquences esthétiques de la grossesse sont en cause. Mère de quatre enfants, conseillère prénatale et anthropologue, Sheila Kitzinger est particulièrement bien placée pour connaître ces problèmes. Malgré tout, les résultats qu'elle obtient chaque fois qu'elle demande à ses futures mères de se dessiner enceintes la surprennent toujours autant. Même les mères les plus heureuses, les plus exubérantes, se dessinent comme des masses informes absolument dénuées de séduction. (Le fait que la majorité des femmes enceintes aient conscience que cet état est temporaire les distingue des mères à hauts risques persuadées que leur séduction s'est définitivement envolée. Je reviendrai plus longuement sur ce sujet.) Comme le fait à juste titre observer le Dr Kitzinger, c'est une vision rarement partagée par les hommes.

Parfois l'anxiété a pour origine un facteur aussi inattendu à première vue que l'espace vital. Une étude a montré que le manque de place à la maison perturbait considérablement l'attitude d'une femme à l'égard de sa grossesse; plus le mari et la femme disposent d'espace, mieux ils l'accueillent. Les couples disposant d'une maison l'accepteront mieux, par exemple, que ceux vivant dans un appartement. Et ainsi de suite. Un des moyens les plus logiques de supprimer cette source d'anxiété consiste à faire de la place dans l'appartement ou la maison. Ou à déménager. Mieux vaut le faire avant la grossesse; sinon, il reste la solution d'essayer de trouver un appartement ou une maison plus spacieux dans le même quartier. Nous l'avons vu, un déménagememt pendant la grossesse présente certains risques, mais les femmes sont moins perturbées par le déménagement proprement dit que par le fait de s'installer dans un endroit inconnu.

Le travail joue également un rôle dans l'idée que la femme se fait de sa grossesse. J'ai pu observer que les femmes dont le salaire est la seule source de revenus de la famille sont souvent celles qui se font le plus mal à leur état. Le Dr Lukesch montre dans une étude que ces femmes manifestent plus de signes de colère et d'aigreur que les autres, ce qui est compréhensible. En général, pourtant, le fait de travailler chez soi ou dans un bureau, ou de ne pas travailler du tout n'est pas vraiment un problème. Ce qui compte, c'est le sentiment de réussite et de valorisation que tire une femme de son travail car l'idée qu'elle a d'elle-même se répercute sur ses sentiments à l'égard de son enfant.

Autrement dit, une femme normale et bien adaptée, *heureuse et satisfaite* d'être enceinte, se glisse sans heurt dans la maternité, de la même façon qu'elle franchit en douceur les grandes étapes de sa vie. Les femmes (et les enfants) courant un danger sont celles qui abordent la grossesse en étant déjà émotionnellement perturbées et beaucoup, malheureusement, vivent leur grossesse sans que personne en prenne conscience et les aide. Encore aujourd'hui, il est rare que l'examen psychologique fasse partie de la surveillance prénatale. Et trop d'obstétriciens, de sages-femmes ou de conseillères familiales négligent les composantes psychosomatiques de la grossesse. L'alimentation, le poids, le rythme cardiaque et la tension de la future mère sont soigneusement surveillés, mais son psychisme presque jamais. Sauf si sa détresse est suffisamment manifeste pour que son entourage ne puisse plus l'ignorer, une femme a peu de chances d'être dirigée sur la personne capable de lui apporter le secours psychologique dont elle a besoin.

Il s'ensuit qu'un grand nombre de femmes ne bénéficient jamais des conseils qui leur seraient profitables. Les résultats d'une telle carence? Nous les avons sous les yeux : dans les études sur le stress, dans celles qui analysent les risques liés à la grossesse et à l'accouchement. Soyons honnêtes, beaucoup de femmes profondément perturbées sur le plan émotionnel paraissent tout à fait normales; et à vrai dire, beaucoup l'étaient jusqu'au moment où la grossesse a ranimé un conflit psychique en sommeil, encore non résolu. Une femme enceinte a un passé, un moi formé et des techniques d'adaptation rodées depuis longtemps. Quand ce moi est menacé de façon imprévue, ou quand ces techniques d'adaptation s'effondrent sous les pressions émotionnelles de la grossesse, il y a danger; c'est alors que, pour elle et surtout pour son enfant, la future mère doit chercher de l'aide.

La femme émotionnellement perturbée appartient

en général à l'une ou à l'autre de trois grandes catégories. Dans la première, probablement la plus courante, se situe la femme prisonnière d'une relation conjugale qui ne la satisfait pas. La grossesse a la particularité de mettre en relief avec une netteté intimidante les divers paramètres du mariage. Tous les petits accrocs et fissures jusque-là ignorés en toute sécurité prennent des dimensions imposantes. Les doutes depuis longtemps enfouis affleurent brusquement à la surface. Est-ce que je serai une bonne mère? Puis-je compter sur lui? Ai-je envie d'être père? Les partenaires du couple se posent soudain de nouvelles questions sur eux-mêmes et sur l'autre; pour peu que les réponses ne soient pas satisfaisantes, leur relation peut se détériorer à un rythme accéléré – avec de terribles conséquences pour leur enfant pas encore né. Si ces questions doivent être posées, c'est *avant* la grossesse qu'il faut le faire; mais si elles surgissent pendant celle-ci, le couple doit sans plus attendre avoir recours aux personnes capables de l'aider, conseillers conjugaux ou autres.

Il est d'autre part une relation importante dans la vie d'une femme, et qui peut jouer un rôle dans sa grossesse et son accouchement : celle qu'elle aura eue avec sa propre mère. Un enfant apprend en effet de sa mère ce qu'est la maternité. Pour une fille, celle-ci est le modèle initial, dont l'influence se révélera déterminante. Si la mère est forte et rassurante, il est probable que la fille sera forte et rassurée. En revanche, si elle est mal à l'aise ou anxieuse dans son rôle maternel, ou si elle ne se sent pas à la hauteur, sa fille court le risque encore plus grand d'éprouver des sentiments identiques quand elle attendra un enfant, ce qui peut entraîner de graves problèmes physiques et émotionnels. Une étude suédoise récente montrait qu'on relevait chez « les filles malheureuses », comme je les appellerai, un taux plus élevé de complications pendant la grossesse et à l'accouchement que chez « les filles heureuses ».

Bien entendu, beaucoup de femmes ayant eu une mauvaise relation avec leur mère ont des grossesses normales et deviennent elles-mêmes des mères heureuses et confiantes. Mais leur passé peut néanmoins augmenter le taux de complications obstétriques. Voilà pourquoi les femmes doivent essayer de résoudre leur conflit avant d'être enceintes.

Enfin, troisième catégorie, les femmes assaillies par des peurs et des anxiétés anormalement intenses et morbides. Ces craintes ne doivent rien au hasard et elles sont difficiles à maîtriser. Comme le montrent invariablement toutes les études, c'est chez ce type de femme que la peur et la dépendance sont le plus profondément ancrées. Elles sont à la merci de leur mari, de leur accoucheur, de leur mère, de leurs amis. On les dirait incapables de prendre seules une décision, même infime. Leurs peurs sont souvent irrationnelles. Mais surtout, elles sont inquiètes des conséquences esthétiques de la grossesse. Ce n'est pas une préoccupation passagère ou anodine : cela frise l'obsession. La moindre vergeture les plonge dans le désespoir; jamais plus elles ne seront minces et séduisantes, la grossesse a définitivement flétri leur beauté. Une autre de leurs obsessions porte sur la santé de leur enfant. Malgré l'absence de preuves médicales, elles sont persuadées qu'il naîtra avec une malformation ou une santé irrémédiablement compromise.

Ces sentiments peuvent être à l'origine d'une foule de problèmes potentiellement dangereux. Un chercheur observait, par exemple, que ces femmes avaient beaucoup de mal à former l'attachement avec leur enfant après la naissance. Une étude réalisée récemment par des chercheurs de l'université de Caroline du Nord montre que le risque de complications à l'accouchement est considérablement plus élevé chez ces femmes; les sujets de l'étude avaient le travail le plus long, le taux le plus fort d'accouchements au forceps et le plus grand nombre de bébés présentant les résultats les plus faibles à l'Indice Apgar *; c'est aussi chez elles qu'on relève les chiffres les plus hauts dans les tests relatifs à la dépendance, aux peurs pour soi et aux peurs pour le bébé.

Le mot clé quand il s'agit de ce type d'anxiété est leur *intensité*. Car c'est une chose que d'être consumée par ces peurs – et là, le psychothérapeute peut se révéler d'un grand secours –, c'en est une autre que de se faire légitimement du souci pour soi et pour son enfant. Un médecin sensible et compréhensif peut aider la femme à apprivoiser ses craintes. Après le mari, il est la figure la plus importante de la grossesse. Rappelez-vous la scène décrite par le Dr Harrison au début de ce chapitre. Ce n'est pas par hasard que le travail de la jeune mère s'est interrompu d'une manière aussi brutale. Attachée à la table de travail, entourée d'étrangers, alors qu'elle s'efforçait de mener à bien ce travail douloureux, jamais elle n'avait été plus vulnérable qu'au moment où son accoucheur était entré. S'il avait fait preuve d'une attitude plus humaine, la phase ultime de la

---

* Indice Apgar : rythme cardiaque, condition respiratoire, tonus musculaire, réflexibilité et coloration des téguments. L'Indice Apgar est fondé sur cinq tests réalisés dans les cinq minutes qui suivent la naissance. On mesure le pouls du bébé, sa respiration, son tonus musculaire, le réflexe d'irritabilité et la sensibilité aux couleurs (du bleu au rose). Un résultat égal à 7 est jugé bon, de 4 à 6 satisfaisant; au-dessous de 3, le bébé est mis en réanimation.

naissance se serait déroulée aussi harmonieusement que le pensait d'abord le Dr Harrison.

La personnalité de l'accoucheur et les sentiments qu'il inspire à la future mère font toute la différence. Et c'est cette différence qui doit être d'abord examinée avec soin. La première chose quand on choisit son accoucheur – homme ou femme – est de savoir si on veut avoir affaire à son médecin de famille, à un obstétricien ou à une sage-femme. Pour la mère pouvant présenter des complications physiques à l'accouchement, la décision est déjà prise. Son état ou celui de son enfant feront qu'elle s'adressera à un obstétricien. Une femme qui estime nécessaire la présence d'un médecin, seule assurance pour elle de bénéficier de soins de qualité, aura tout intérêt, elle aussi, à choisir un spécialiste. La tranquillité d'esprit qu'il – ou elle – lui apportera peut avoir une énorme influence sur la grossesse et l'accouchement.

La meilleure façon de savoir à qui vous adresser, si vous optez pour un obstétricien, est encore d'interroger vos amies qui ont récemment accouché. Elles seront en mesure de vous fournir des détails minimes, mais importants, sur sa personnalité et sa façon de voir les choses, bref le genre de renseignements que ne vous donnera pas un hôpital ou un centre médical en vous recommandant tel ou tel praticien. L'étape suivante consiste en un entretien personnel avec votre futur accoucheur. Voyez-en plusieurs avant de fixer définitivement votre choix. Exprimez clairement vos désirs et ne vous laissez pas intimider par l'homme ou la femme en blanc séparés de vous par un bureau. Rappelez-vous que vous êtes – ou devriez être – celle qui, en dernier ressort, décidera.

Questionnez-le sur sa conception de l'accouchement. Qui mettra l'enfant au monde, lui ou vous? Informez-vous sur sa façon de procéder, demandez-lui s'il assiste personnellement à la naissance si celle-ci est normale ou s'il ne vient qu'en cas de complications. Quelle est son attitude (et celle de l'hôpital ou de la clinique) à l'égard du monitoring, de l'échographie, de l'anesthésie, de l'épisiotomie et de la préparation de la mère à l'accouchement (rasage et lavement)? Votre mari aura-t-il accès à la salle d'accouchement? Vous laissera-t-on votre bébé après la naissance? Si l'enfant est prématuré ou malade, pourrez-vous lui rendre visite dans le service pédiatrique de réanimation? La façon dont on répondra à vos questions est aussi importante que vos questions elles-mêmes. Il faut que vous vous sentiez à l'aise avec votre accoucheur et, surtout, que vous ayez confiance en lui ou en elle. Le problème n'est pas son charme ni sa réputation; s'il ne vous inspire pas une confiance spontanée, il n'est pas qualifié pour vous aider à mettre au monde votre enfant.

De même pour la sage-femme. Bien qu'elles aient une tradition longue et vénérable, leur réinsertion dans le milieu médical et l'augmentation de leurs effectifs datent de la fin des années 1960. Les femmes ne se sont pas encore faites à cette nouveauté. Pourtant, je pense qu'une sage-femme présente des garanties sérieuses. D'abord, son attitude à l'égard de la naissance est en général plus humaine et plus ouverte. A la différence du médecin qui a tendance, en raison de sa formation, à considérer la naissance comme un épisode pouvant présenter des risques pathologiques, la sage-femme, du fait de la sienne, y verra un événement biologique normal.

Spécialiste, elle l'est aussi, mais des naissances normales et naturelles, ce que reflète sa façon de procéder. L'épisiotomie, la surveillance électronique du fœtus pendant l'accouchement, la préparation de la mère, bref, tout l'arsenal de la naissance médicale est habituellement absent des accouchements pratiqués par la sage-femme. Son métier la rend plus sensible aux innovations. D'une façon générale, elle est rodée aux diverses préparations à l'accouchement et aux différentes méthodes. Elle présente aussi l'avantage de la disponibilité. Elle a du temps pour répondre aux questions et elle écoutera d'une oreille plus attentive une patiente émotionnellement perturbée. Une jeune femme, que j'appellerai Marsh, peut en témoigner. Son premier enfant fut mis au monde par un obstétricien, le second par une sage-femme. Ce fut le jour et la nuit, raconte-t-elle. « Pendant le travail, tandis que je poussais, elle était penchée au-dessus de moi et me disait : " Allez, aidez votre bébé à sortir." Tout le temps, elle a utilisé le mot " bébé ". Le médecin, lui, me répétait seulement : " Poussez, continuez à pousser." On aurait dit quelque chose de mécanique. Tandis que ce mot de " bébé " rendait l'accouchement réel; cela me rappelait que je n'étais pas en train de faire de la gymnastique dans le vide. Il y avait un vrai bébé qui essayait de sortir. »

Mais une sage-femme ne se contente pas d'apporter cette sensibilité, si importante soit-elle. Elle possède une formation solide. Aujourd'hui, une sage-femme doit être infirmière diplômée et avoir travaillé pendant un an au moins dans le cadre de la médecine publique; à cela s'ajoute un an de pratique hospitalière. La formation proprement dite demande de dix-huit mois à deux ans; pendant cette période, la sage-femme participe normalement à plus d'une centaine d'accouchements. Outre ceux auxquels elle procède une fois diplômée, cette formation lui donne une expérience bien plus considérable du suivi des grossesses que ne saurait avoir un obstétricien, même très actif.

[En France, la formation de sage-femme a lieu en trois ans, après admission par voie de concours, dans une école agréée et elle est sanctionnée par un diplôme d'État.

La sage-femme a pour attribution essentielle la surveillance de la femme en état de grossesse ainsi que du nouveau-né et du nourrisson. Elle assiste la mère au moment de la naissance, mais doit appeler le médecin si des difficultés se présentent. A l'hôpital, la sage-femme pratique les accouchements normaux sous l'autorité du médecin-chef de service et participe à l'examen des femmes se présentant à la consultation prénatale. Elle assure, s'il y a lieu, le service de garde de la maternité.

La sage-femme peut exercer à titre libéral : elle ouvre un cabinet, reçoit des clientes, consulte à domicile. Elle peut aussi ouvrir une clinique d'accouchement après autorisation. Mais cette pratique libérale est en diminution. (N.d.T.)]

Un autre grand choix que doit faire une femme au début de sa grossesse est la façon dont elle mettra au monde son enfant. Quand j'étais interne à Harvard au début des années 1960, le choix se limitait à deux possibilités : l'accouchement médical ou la césarienne. Toutes les naissances avaient lieu à l'hôpital ou à la clinique. Heureusement, les choses ont changé. Les femmes qui arrivaient à l'âge de procréer à la fin des années 1960 et au début des années 1970 abordaient leurs années de maternité avec des idées bien précises sur l'importance de la naissance et ses conséquences pour l'enfant. La plupart ont pu faire valoir leurs idées sur l'obstétrique et, aujourd'hui, les femmes ont à leur disposition plusieurs méthodes de préparation ainsi que le choix entre plusieurs modes d'accouchement naturel.

Je l'ai dit plus haut, je n'ai rien contre l'accouchement chirurgical ou la césarienne quand la mère ou l'enfant sont en danger. Mais pour les accouchements qui ne présentent pas de difficultés, je suis résolument partisan de l'accouchement naturel, quelle qu'en soit la forme. La responsabilité de la naissance revient alors à qui de droit, c'est-à-dire à la femme et à son mari. La naissance devient humaine, dégagée de toute la mise en scène mélodramatique des accouchements en milieu hospitalier. Il y a plus : l'enfant a la possibilité de faire son entrée dans le monde avec dignité et douceur. Et compte tenu de tout ce que nous avons appris récemment sur l'importance psychologique de la naissance, ce seul fait justifie l'accouchement naturel.

Tout aussi important que la méthode d'accouchement qu'elle choisira, la femme doit se préparer physiquement et psychologiquement à celui-ci. La meilleure façon de le faire consiste à suivre les cours qui lui seront proposés. D'une part, ils lui donneront toutes les informations dont elle a besoin sur la grossesse, le travail, l'accouchement et les soins au nouveau-né ; mais aussi et surtout, le groupe avec lequel elle suivra cette préparation constituera une sorte de famille élargie où les nouveaux parents ont la possibilité de se rencontrer et de parler de leurs espoirs, de leurs craintes et de leurs attentes. Choisissez avec soin ces cours. Les diverses préparations qu'ils proposent envisagent chacune la naissance sous un angle bien précis *.

* Il existe en France plusieurs méthodes moins répandues que la préparation psychoprophylactique sensiblement équivalente à la

La femme qui souhaite un accouchement où rien ne sera laissé à l'improvisation, sera sans doute satisfaite de la méthode Lamaze. Celle-ci met l'accent Sur une certaine discipline et sur l'apprentissage d'une technique; elle convient parfaitement à qui aime contrôler une situation. La femme Lamaze idéale ressemble à une athlète magnifiquement entraînée qui a appris à donner le meilleur d'elle-même au moment décisif. Cette comparaison est moins fantaisiste qu'on pourrait le croire. L'intéressée s'entraîne en effet avec la rigueur et la constance de l'athlète et aborde l'accouchement comme une épreuve olympique qu'elle est décidée à remporter, la victoire consistant ici à accoucher sans médicaments et à jouer, pleinement consciente, un rôle actif. La préparation insiste sur le contrôle de soi et apprend à dominer la peur et la douleur qui peuvent faire obstacle à l'accomplissement de cet objectif. La femme Lamaze est entraînée à négocier et à discipliner ses sentiments et ses sensations. Elle apprend à diminuer les douleurs provoquées par les contractions en relaxant ses muscles à volonté, à détourner son attention de la douleur en se concentrant sur des exercices respiratoires, et à régler l'allure de l'accouchement en se freinant physiquement et psychologiquement.

méthode Lamaze : l'acupuncture, qui n'en est qu'à ses débuts en France en ce qui concerne l'obstétrique ; la sophronisation sonore, méthode mise au point par le Dr Feijoo à Saint-Raphaël, qui se pratique aussi à Nîmes, à Lyon et dans la région parisienne, à Saint-Cloud, et utilise uniquement des sons – ceux-ci modifient la conscience de la femme qui accouche et permettent une détente musculaire accompagnée d'un bien-être psychique ; la végétothérapie, mise au point par les accoucheurs italiens Roberta et Federico Navaro, élèves de Wilhelm Reich, qui, cousine de la méthode Bradley, reprend les techniques de la bio-énergie (cette méthode est appliquée à la Clinique des Lilas, à Paris). (N.d.T.)

Pour réussir son accouchement avec cette méthode, elle a besoin de l'aide d'une autre personne, son mari de préférence. Il assiste aux cours avec elle, il l'aide et l'encourage comme le ferait un moniteur au moment de l'accouchement. Pendant la dernière phase du travail, celle de l'expulsion, c'est lui qui prend en main le passage de l'enfant par la filière génitale en disant à sa femme quand elle doit pousser ou au contraire se détendre.

Si la méthode Lamaze envisage la naissance comme une compétition olympique, la méthode Bradley transforme celle-ci en une grande fête familiale. Cette fois, l'accent est mis sur le rôle que doit jouer chaque protagoniste : la mère, le père, le bébé, le médecin. Un film présentant cette méthode et intitulé *Happy Birth-Day* (Heureux jour de naissance) restitue parfaitement cet esprit. Sur un fond sonore entraînant, la mère tient son rôle de vedette, entourée de son équipe de supporters en T-shirts – le médecin qui se présente comme étant le « baby-catcher », celui qui attrape le bébé comme le joueur de base-ball attrape la balle, et le père, l'« entraîneur ». Les cours de préparation mettent plus en évidence le vécu affectif de l'accouchement que ses aspects physiques. On encourage le mari et la femme à parler sans fausse honte de leurs difficultés conjugales et sexuelles, à dire ce qu'ils attendent de leur nouvel état de parents et comment ils envisagent d'assumer ce rôle. On insiste aussi beaucoup sur l'alimentation. Quelques mouvements pelviens et abdominaux sont également enseignés mais, à la différence de la méthode Lamaze, la méthode Bradley n'exige aucune mise en condition physique et mentale rigoureuse. On ne saurait mieux décrire cette méthode qu'en la qualifiant de « décontractée ». La femme doit accueillir toutes les émotions qui lui viendront pendant l'accouchement, exprimer et accepter la totalité de ses sentiments et sensations au lieu de vouloir les intellectualiser ou les maîtriser.

Autant d'éléments qui font de la méthode Bradley la manière idéale de mettre un enfant au monde. Mais comme la méthode Lamaze, elle ne convient pas à toutes, notamment à certaines pour qui c'est la première naissance. La méthode Bradley laisse en effet la femme livrée à elle-même pendant l'accouchement. Celle qui n'a pas encore mis d'enfant au monde et qui ignore comment elle réagira quand le travail aura réellement commencé peut trouver inquiétante cette absence de repères précis. C'est donc une méthode qui s'adresse plus logiquement à la femme qui désire prendre en main son accouchement, mais qui, du fait de son expérience, a suffisamment confiance dans ses réactions pour profiter pleinement des avantages de cette méthode.

La dernière des trois grandes méthodes de préparation à l'accouchement naturel est la technique Dick-Read. C'est aussi la plus ancienne. Considérablement remaniée depuis son apparition à la fin des années 1940, elle reste la moins intellectualisée de ces méthodes et la plus directe. Résolument terre à terre, elle n'a ni l'élan de la méthode Lamaze, ni le côté ouvert et décontracté de la méthode Bradley. Celles qui la choisissent sont des femmes qui se veulent pratiques; elles apprécient les valeurs de l'éducation qui leur permet d'écarter les peurs et les tensions responsables d'une grande partie des douleurs de l'accouchement. La préparation Dick-Read apprend certaines techniques capables de faciliter le travail, comme des exercices respiratoires, mais l'accent est essentiellement mis sur l'éducation. Les femmes apprennent ce qu'on attend d'elles pendant l'accouchement, ainsi qu'à s'aider et à accepter l'aide des autres. Cette méthode insiste aussi sur ce qui se passe après la naissance; souvent les couples en apprennent autant sur leur futur rôle de parents, ses problèmes et ses difficultés, que sur l'accouchement proprement dit. Bref, il s'agit là d'une façon pragmatique intelligente et objective d'aborder la naissance, cette méthode n'exigeant aucun engagement personnel à l'inverse des deux précédentes. Elle convient, à mon avis, à la femme qui voudrait se préparer à l'accouchement naturel dans un contexte neutre et non dogmatique.

Malgré les nombreuses différences qu'elles présentent avec la méthode Dick-Read, les méthodes Lamaze et Bradley ont un point commun avec elle : le libre choix de la méthode d'accouchement*. La femme peut opter pour la « naissance sans violence » de Leboyer et ce qu'on en est venu à appeler « l'accouchement en douceur » traditionnel, soit une méthode qui associe certains éléments de l'accouchement naturel et de l'accouchement médical. Ces deux types d'accouchement peuvent être indifféremment préparés par l'une des trois méthodes. La plus populaire (sauf chez les accoucheurs) et certainement la mieux connue est la méthode Leboyer. Au cours de ces dernières années, toutes les revues qui me sont passées entre les mains publiaient leur témoignage vécu sur le changement radical opéré par cette philosophie de l'accouchement.

Disons en gros que l'accouchement selon la méthode Leboyer se caractérise par la pénombre de

---

* Plutôt que de « méthode d'accouchement », on préfère aujourd'hui parler d'« accueil à l'enfant ». (N.d.T.)

la pièce où il se déroule, la mise en contact immédiat, peau contre peau, du nouveau-né avec la mère, un temps d'attente avant de couper le cordon ombilical, le massage et le bain du nouveau-né. Les partisans de cette méthode affirment que ce « traitement en douceur » fait de la venue au monde d'un enfant un événement aussi positif et enrichissant qu'on puisse le souhaiter. Tout en souscrivant pleinement à ces affirmations, je pense néanmoins que les bénéfices apportés par « la naissance sans violence » viennent moins des « effets spéciaux » de la méthode que du fait que l'accouchement se produit naturellement et en douceur, que la mère choisit cette méthode avec enthousiasme et que son adhésion lui permet de former immédiatement l'attachement avec son enfant.

D'autre formes d'accouchement naturel peuvent elles aussi s'accompagner de ce triple résultat, comme le montre une étude menée récemment au Canada. Après la publication du livre de Leboyer, *Pour une naissance sans violence,* l'obstétricien Murray Enkin a soudain été submergé par le flot de ses patientes : toutes voulaient accoucher selon cette méthode. Or, à cette époque, elle n'avait pas encore été scientifiquement reconnue. Aidé de plusieurs collègues et patientes (choisies parce qu'elles ne présentaient aucun risque de complications à l'accouchement), il décida de procéder à sa propre enquête.

Un groupe de patientes accoucha selon la méthode Leboyer. Un autre groupe accoucha « en douceur », c'est-à-dire avec une méthode qui applique les principes de Leboyer, mais sans le côté spectaculaire – le bébé naît par la voie naturelle et sans médicaments, mais on ne plonge pas la salle dans la pénombre, le cordon ombilical est pincé un peu plus tôt et le bébé n'est ni massé, ni baigné ; il n'est pas mis non plus immédiatement en contact avec la peau de sa mère. En examinant les résultats, le Dr Enkin observa qu'à part une exception notable, on ne relevait aucune différence importante entre les deux groupes. Les femmes avaient présenté le même taux de complications et étaient tout aussi prêtes à réclamer un anesthésique pour les soulager pendant le travail. L'exception en question était la durée beaucoup plus courte de la première phase du travail, celle de la dilatation, observée chez les mères accouchant avec la méthode Leboyer. D'après le Dr Enkin, ce phénomène était moins dû à la méthode proprement dite qu'à l'enthousiasme dont faisaient preuve les mères à son égard.

On ne notait aucune différence non plus chez les enfants. Si, dans un premier temps, les bébés Leboyer se montraient légèrement plus actifs et vigoureux que les autres, le troisième jour, il n'y avait plus de différences. Mais, et c'est là le point le plus important, le Dr Enkin ne releva aucun indice permettant de conclure que la méthode Leboyer avait un effet plus apaisant sur le nouveau-né. Malgré les bains et les massages, les bébés de ce groupe pleuraient aussi facilement que les autres nouveau-nés. Sa conclusion, à savoir que les deux méthodes d'accouchement étaient également sûres et efficaces, me semble entièrement justifiée et, comme lui, j'estime que l'essentiel est d'adapter la naissance aux besoins personnels de chaque couple et de chaque bébé. Ce qui va plus loin que le seul choix d'une méthode d'accouchement.

L'*endroit* où la femme décide de mettre au monde son enfant a parfois autant d'importance que l'accouchement. Le cadre dans lequel elle sera accueillie doit la mettre à l'aise et la détendre, être adapté aux besoins d'une naissance, et présenter toute la sécurité nécessaire. Trois exigences. Un nombre croissant de mères estiment que si la salle d'accouchement d'un hôpital répond à la dernière de ces exigences, il n'en va pas de même des deux autres. Parmi les solutions de remplacement, la plus populaire *et* la plus discutée est sans conteste l'accouchement à domicile.

Pour les défenseurs de l'accouchement à domicile, l'endroit où doit se dérouler une naissance est le foyer des parents. Et comme eux, je pense que la naissance chez soi présente des avantages indiscutables. Parce que la naissance – et la mort – appartenait à leur univers quotidien, nos ancêtres avaient une compréhension meilleure et plus saine des rythmes et des révélations de la vie. Mais la question n'en demeure pas moins posée : est-il dangereux d'accoucher chez soi? Dans quelques années, nous disposerons de données plus fournies et nous devrions avoir des idées plus précises quant à la réponse; mais pour le moment, les statistiques sérieuses sur la sécurité de ce type d'accouchement sont si rares que, malgré mon désir, j'hésite à le recommander. Les études auxquelles nous pouvons nous reporter sont encore insatisfaisantes. Les conclusions de l'une d'elles, récemment effectuée dans l'Oregon, semblent tendre vers une condamnation pure et simple de l'accouchement à domicile. Les chercheurs ont en effet constaté que les bébés nés à la maison présentaient un taux de mortalité presque deux fois plus élevé que les enfants nés en milieu hospitalier. Un examen plus approfondi de cette étude fait cependant apparaître ses nombreuses imperfections. D'abord, un grand nombre de ces accouchements s'étaient déroulés sans l'assistance d'un médecin ou d'une sage-femme, alors même que les partisans les plus farouches de la méthode estiment cette présence indispensable. Ensuite, l'étude portait uniquement sur les naissances *déclarées* aux chercheurs et tout indique qu'un nombre important d'entre elles ne sont connues que de l'état civil. Toutefois, même s'ils manquent d'objectivité, ces chiffres ne peuvent être ignorés.

Deux types de tentatives ont été faites afin de concilier la sécurité offerte par l'hôpital et l'atmosphère détendue du foyer familial; ce sont les « chambres de naissance » des hôpitaux et les centres d'accouchement – différents des maternités classiques. Les « chambres de naissance » sont en général des chambres individuelles ou semi-individuelles qu'on a pourvues de rideaux et peintes d'une couleur gaie pour apporter une note de chaleur. Bien sûr, elles n'ont jamais l'air aussi accueillant que sur le dépliant fourni par l'hôpital, mais malgré tout, elles présentent des avantages bien précis pour une naissance. C'est le couple, et non l'hôpital, qui crée son propre règlement. Le père et la mère peuvent avoir qui ils veulent avec eux dans la pièce au moment de la naissance et sans qu'il leur soit besoin de justifier leur désir; d'autre part, après la naissance, ils peuvent garder avec eux le nouveau-né dans la pièce aussi longtemps qu'ils le souhaitent. Pour beaucoup de femmes, ce détail fait toute la différence.

« Ce qui m'a été le plus pénible après la naissance de mon premier enfant, me disait une mère, c'est qu'on me l'ait enlevé tout de suite. J'étais parfaitement consciente et je voulais le tenir un peu dans mes bras. Mais on m'a ramenée aussitôt dans ma chambre; celle-ci était plongée dans l'obscurité car la femme avec qui je la partageais essayait de dormir et ne voulait pas qu'on allume. Mon mari partit donner des coups de téléphone et je me suis retrouvée sans personne à qui parler. Ainsi, trente minutes après avoir mis mon enfant au monde, j'étais là, seule dans le noir, avec pour toute consolation un paquet de bonbons que j'avais apporté avec moi. Je me sentais complètement déprimée. »

Sur les conseils de sa sage-femme, cette mère décida que son second enfant naîtrait dans une chambre de naissance. « Tout a été tellement plus calme et plus gai, raconta-t-elle. Il n'y avait pas d'appareils dans la chambre, mon mari a pu rester et j'ai gardé le bébé avec moi pendant plusieurs heures après la naissance. » Même le travail avait été différent. « L'accouchement a été beaucoup plus facile ; après, je me sentais si bien que je n'arrivais pas à y croire. Pendant un mois après le premier accouchement, j'avais été, physiquement et émotionnellement, une vraie loque. »

Il existe moins de centres d'accouchement, mais leur nombre est en rapide augmentation depuis ces dernières années, et je pense que cette tendance se poursuivra. De toutes les solutions, celle-ci me semble fournir un cadre idéal pour une naissance – une atmosphère chaleureuse et intime associée à une bonne infrastructure médicale. C'est ainsi qu'un des centres d'accouchement américains les plus connus, le Childbearing Center, à New York, met à la disposition de la mère un salon, une cuisine, un jardin et deux chambres, une pour elle, l'autre pour la personne qui l'aide à accoucher.

Dans ces centres d'accouchement, le règlement et les interventions du personnel sont très discrets. Les membres de la famille sont autorisés à assister à la naissance et, en général, le nouveau-né reste pendant une heure environ avec sa mère après la naissance. Seules sont admises les femmes présentant peu de risques de complications (cela pour réduire le nombre des urgences éventuelles). Enfin, de nombreuses sages-femmes qualifiées et possédant leur diplôme d'infirmière s'occupent de tous les soins et pratiquent les accouchements. Ces centres ont habituellement un obstétricien à demeure pour les cas d'urgence et un pédiatre qui examine le bébé après la naissance *.

Leur but, comme celui des diverses possibilités et méthodes que nous avons évoquées dans ce chapitre, est de protéger la naissance contre la technologie qui l'a envahie et de lui redonner dans la famille la place qui lui revient de droit. C'est à mon sens une politique qui ne peut être que bénéfique pour la mère et pour l'enfant et, à long terme, pour nous tous.

---

* En France, l'accouchement se fait en milieu hospitalier ou dans des maternités agréées liées à des hôpitaux ou possédant leur propre salle de chirurgie. Mais à l'heure actuelle, un mouvement pour un retour à l'accouchement à domicile semble s'amorcer. (N.d.T.)

Chapitre 8

LE LIEN VITAL

Les contractions commencèrent un soir d'avril, alors qu'elle mettait le couvert. Au début, la douleur fut si légère, à peine un petit tiraillement, qu'elle crut l'avoir imaginée. Il restait encore un mois avant la date prévue pour l'accouchement et elle pensa que c'était sans doute une fausse alerte. Mais quand trois heures plus tard, allongée sur le chariot, elle fit son entrée dans la salle d'accouchement, elle sut que non. La douleur la submergeait maintenant par vagues régulières, toutes les cinq secondes. Elle était prête à accoucher, tellement prête qu'on n'avait même pas le temps de lui administrer un anesthésique. Ce serait une naissance entièrement naturelle.

Elle ne l'avait pas prévue ainsi et une femme normalement anxieuse devant ce changement de programme aurait pu s'affoler. Mais de voir naître son enfant opéra en elle un bouleversement profond. Dans les heures et les jours qui suivirent, elle vécut dans une sorte d'euphorie, un accord parfait avec elle-même, bien plus proche d'Ann – le bébé – qu'elle l'avait été de son premier enfant. Le simple fait d'avoir pu la tenir dans ses bras, de l'avoir câlinée – la première fois, elle avait été bien trop abrutie par les médicaments pour pouvoir le faire – avait complètement modifié son équilibre émotionnel.

« Mme B. », comme le Dr Lewis Mehl appelait cette femme dans une de ses communications, existe vraiment, son histoire est vraie elle aussi, de même que les sentiments et les pensées qu'elle croyait avoir imaginés après coup. Parce qu'une femme peut tenir dans ses bras son enfant, le serrer contre elle et former ainsi l'attachement, la naissance est transformée. Il suffit d'une heure que passeront ensemble la mère et l'enfant après la naissance pour que ce laps de temps ait des conséquences durables sur l'une comme sur l'autre. Toutes les études ont invariablement prouvé que les femmes qui ont la possibilité de former ce lien deviennent de meilleures mères et que leurs bébés sont presque toujours en meilleure santé physique, font preuve d'une plus grande stabilité émotionnelle et d'une intelligence plus vive que les enfants séparés de leur mère immédiatement après la naissance.

Cette formation de l'attachement est essentielle. Tous les gestes, toutes les paroles qu'aura une femme pour son bébé après la naissance, tout ce langage maternel étrange, ces étreintes, ces caresses, et même ces regards, ont un but précis : protéger et encourager l'enfant. Comment cette communication fonctionne-t-elle, nous ne le savons pas exactement ; toutefois, de nouvelles observations ont montré que, pendant cette période au moins, une grande partie de ce qu'on appelle le comportement maternel est biologiquement réglé.

C'est à la suite d'une curieuse étude réalisée par une équipe de chercheurs de l'université Rutgers que cette hypothèse commença à être envisagée. Étudiant les échanges chimiques chez les rats femelles, l'un d'eux remarqua un phénomène étrange : l'instinct maternel des rats dépendait de la production d'une certaine hormone. Celle-ci apparaissait dans le sang de l'animal vers la fin de la gestation et tant qu'elle demeurait présente, la femelle se comportait en mère idéale. C'était déjà une découverte importante en soi.

Mais ce qui intéressait notre chercheur, c'était de savoir ce qui déclenchait la production de cette hormone. Il découvrit que le mécanisme régulateur était la présence des petits. Si on les enlevait à leur mère immédiatement après la naissance, l'hormone disparaissait et avec elle l'instinct maternel. Rien, pas même le retour des petits, ne pouvait rétablir cet instinct.

On ne saurait tirer de conclusions d'études réalisées sur des animaux, mais tout porte à croire que dans ce cas précis, il y a d'excellentes raisons de le faire. En effet, nous savons déjà que la présence du nouveau-né est biologiquement indispensable à la mère, au moins pour deux raisons essentielles : les pleurs de l'enfant stimulent la lactation, et le contact de la peau du bébé contre le sein déclenche la production d'une hormone qui diminue les saignements après l'accouchement. Est-il exagéré de penser que la présence du nouveau-né puisse également déclencher l'apparition de l'instinct maternel? Toutes les observations biologiques et comportementales indiquent que non.

Prenons le cas des sévices infligés aux enfants; ils sont beaucoup plus fréquents dans le cas d'enfants prématurés. Un grand nombre de spécialistes pensent que l'isolement des prématurés dans des centres de soins intensifs pendant plusieurs semaines perturbe profondément le psychisme de la mère, qui aura tendance à maltraiter physiquement son enfant par la suite.

Les observations dont nous disposons montrent qu'il existe immédiatement après la naissance un laps de temps déterminé pendant lequel la formation de l'attachement, ou son absence, ont de profondes répercussions sur les mères et sur les enfants. Les désaccords portent sur la durée de cet intervalle – une heure ou moins après la naissance pour certains, de quatre à cinq heures pour d'autres. Une étude réalisée par un des pionniers de l'attachement, le Dr John Kennell, et par son équipe montre que ce délai n'excède jamais douze heures. Ses collègues et lui ont constaté que si le lien se formait immédiatement après la naissance, la mère était plus proche de son enfant que s'il s'écoulait un intervalle de douze heures. Les différences apparaissaient presque aussitôt. En moins d'un jour, les mères mises immédiatement en contact prennent plus souvent leurs bébés dans leurs bras pour les câliner et les embrasser que celles dont la mise en contact a été différée.

Ce qui ne veut pas dire que les mères appartenant au second groupe seront de mauvaises mères. Les sentiments maternels d'une femme sont trop complexes et trop personnels pour qu'on puisse les réduire à des explications biologiques. Les milliers de moments intimes qui opèrent la fusion entre la mère et l'enfant tout au long de la vie sont eux aussi essentiels. Tout ce que je cherche à montrer, c'est l'avantage que donne à la femme la formation de l'attachement. Et comme je l'ai dit plus haut, aucun avantage n'est à négliger en raison du schéma général et de l'attitude qu'il contribue à construire. L'équipe du Dr Kennell, par exemple, observa que même des tâches aussi élémentaires que changer ou nourrir le bébé présentaient plus de difficultés pour les femmes chez qui l'attachement n'était pas formé.

Les difficultés éprouvées par les mères séparées de leur enfant après la naissance à accomplir ce genre de tâches révèlent souvent une attitude générale à l'égard de la maternité, qui *peut* avoir des répercussions profondes sur la mise en place de l'attachement. Ainsi, une jeune femme que je connais fut séparée de son enfant immédiatement après la naissance et il s'écoula vingt-quatre heures avant qu'elle ne le revoie. D'abord, dit-elle, cela ne la gêna pas outre mesure; à l'hôpital, elle se sentait proche de lui. Un mois plus tard, son attitude s'était modifiée. Elle ne savait plus si c'était bien son bébé qu'on lui avait rendu; il était pour elle un étranger qu'elle ne connaissait pas encore vraiment. Cette femme était certaine que le lien finirait par se former entre elle et son enfant, ce que je lui confirmai. Mais il n'y aurait pas eu ce retard si elle avait pu rester un peu avec son bébé après la naissance.

Presque invariablement, les femmes qui forment très tôt le lien ont un comportement extrêmement différent, ainsi que le confirment toutes les observations, qu'il s'agisse de femmes blanches, noires ou orientales, riches ou pauvres, américaines, canadiennes, suédoises, brésiliennes ou japonaises. Un an, deux ans, trois ans plus tard, les mères ayant formé le lien sont celles qui manifestent le plus d'attention et d'enthousiasme, qui savent le mieux encourager l'enfant. Étudiant un groupe de femmes qui avaient accouché un an plus tôt, le Dr Kennell et le Dr Klaus purent observer qu'elles continuaient à tenir, à serrer contre elles et à caresser davantage leur enfant. Quand ces chercheurs revirent à nouveau ces mères, un an plus tard, c'était la façon dont elles parlaient à leur bébé qui faisait toute la différence. Très rares étaient celles qui les grondaient ou criaient. Lorsqu'une mère disait avec douceur à son enfant que c'était l'heure de la sieste ou qu'il devait ranger ses jouets, elle le faisait toujours avec un respect implicite, ce n'était jamais un *diktat*. Les chercheurs furent aussi frappés par les mots utilisés par ces femmes : un vocabulaire d'une grande richesse affective, susceptible de favoriser la construction du moi, apaisant, qui enveloppait leur enfant dans un tourbillon de tendresse et d'amour.

Ce n'est pas la méthode Lamaze ni la lecture du Dr Spock qui enseignent ce langage. Il vient naturellement aux mères heureuses. Comme les nouvelles mères du film dont j'ai parlé dans un précédent chapitre, ces femmes agissaient de façon purement inconsciente. Le choix des mots, la construction des phrases et le ton de la voix étaient entièrement spontanés.

La nature est allée très loin pour mettre au point un système d'attachement qui corresponde avec une extrême précision aux besoins du nouveau-né. Non seulement elle modifie spectaculairement le comportement d'une femme adulte qui a déjà une expérience vécue de vingt-cinq ans ou plus – rappelons au passage que Freud déclarait une telle modification impossible –, mais elle le fait exactement de la manière et pendant le laps de temps qui conviennent le mieux au bébé. Pour que son corps, son intelligence et son affectivité se développent, un nouveau-né a besoin de recevoir un apport d'amour et d'affection régulier pendant les deux ou trois premières années de sa vie, et cette période coïncide en gros avec la phase la plus intense de l'attachement.

Le bébé est également prêt à jouer un rôle dans la

formation du lien. Il est incapable de se nourrir, de se vêtir ou de se protéger seul ; les sons qu'il émet – et j'ajouterais même son apparence – sont spécialement faits pour éveiller une réaction d'amour et de protection chez ceux qui peuvent le nourrir et le vêtir. Il n'y a pas longtemps, le savant Carl Sagan rappelait l'attrait que semblaient exercer sur nous les créatures de petite taille dotées d'une grosse tête. D'après lui, c'était peut-être parce qu'un tête disproportionnée évoquait inconsciemment en nous la prééminence du cerveau sur le corps. Je pense plutôt que nous sommes programmés pour réagir à toutes les silhouettes ressemblant de près ou de loin à un bébé. Nous croyons que les héros de *Peanuts*, comme Charlie Brown ou Linus, sont chers à notre cœur à cause de leur humour stoïque, mais je me demande si nous ne réagissons pas plutôt à la vulnérabilité de ces petites silhouettes aux têtes démesurées.

En voyant pour la première fois son enfant nouveau-né, une mère tendra instinctivement le bras pour le prendre. La réaction la plus naturelle du monde, comme tous les autres éléments intervenant dans la formation de l'attachement, répond aussi à un besoin essentiel et spécifique de l'enfant. A la naissance, l'amour n'est pas seulement un besoin émotionnel pour le bébé, mais une nécessité biologique. Sans lui et toutes les cajoleries et caresses qui l'accompagnant, le nouveau-né se flétrit, au sens propre du terme, et meurt. Cet état pathologique porte d'ailleurs un nom, c'est le marasme, du mot grec signifiant « dépérir ». Au XIXe siècle, cette affection tuait près de la moitié des nouveau-nés, et jusqu'au début du XXe siècle, elle fut responsable de presque cent pour cent des morts dans les hospices d'enfants trouvés. La vérité est aussi simple que brutale : ces enfants mouraient parce qu'ils étaient privés des gestes de la tendresse. Aujourd'hui, les cas de marasme sont moins fréquents. Malheureusement, trop de bébés sont encore négligés ; les médecins les appellent les nouveau-nés « incapables de prospérer ».

Un minimum de soins produit de petits miracles chez un enfant affamé d'amour, comme l'a montré une étude sur les nouveau-nés à faible poids de naissance. Leur développement plus lent que la normale est imputé en général à des troubles organiques, la faute étant le plus souvent attribuée à un léger dommage cérébral. Le chercheur qui eut l'idée de cette étude pensa qu'il existait peut-être une autre explication. Il remarqua que pendant les premières semaines de leur vie, ces bébés étaient souvent isolés dans des centres de soins intensifs ; pourvus d'une technologie de pointe, ces services font tout pour le nouveau-né, sauf le tenir dans les bras et l'aimer.

Ce chercheur eut l'intuition que là résidait l'erreur. Il choisit donc un groupe de nouveau-nés dans son service et demanda au personnel de les caresser pendant cinq minutes toutes les heures pendant dix jours. Cinq minutes, ce n'est pas très long et une infirmière n'est pas une mère, mais malgré ces handicaps, la tendresse ainsi manifestée produisit des résultats spectaculaires. Ces bébés grossirent et grandirent plus vite, se montrant plus vigoureux que les bébés laissés à eux-mêmes.

Quelques années plus tard, une autre équipe procéda à une expérience assez voisine en introduisant un élément qui, une fois encore, changea tout. Au lieu d'infirmières puéricultrices, on prit de vraies mères. Au début, les chercheurs ne notèrent aucune différence remarquable. Comme la plupart des enfants ayant formé l'attachement, les nouveau-nés prospérèrent. Mais quand, quatre ans plus tard, l'équipe observa ces mêmes enfants, on releva une différence capitale : les enfants ayant été caressés et câlinés par leurs mères obtenaient dans les tests portant sur le quotient intellectuel quatre points de plus en moyenne que les enfants qui avaient été privés de ce contact.

Bien sûr, l'expérience vécue de ces enfants à un, deux ou trois ans était également très importante. L'intelligence n'est pas coulée dans le bronze à la naissance et elle ne se développe pas dans le vide. Elle doit être continuellement stimulée par les parents de l'enfant, par ses amis et par ses professeurs. En établissant la liaison mère-enfant, l'attachement fournit à ce dernier non seulement une personne qui le comprend et qui l'aime, mais aussi une alliée capable de lui apporter la stimulation dont il a besoin pour s'épanouir au plan émotionnel et intellectuel. Et c'est beaucoup plus difficile qu'il n'y paraît.

La gamme des stimulations perçues par le nouveau-né est très étroite. Une femme qui veut amuser, distraire ou intéresser son enfant doit choisir avec beaucoup de soin les jeux qu'elle lui propose. Et, sans vraiment savoir comment ni pourquoi, c'est exactement ce qu'elle fait; car de la même façon qu'il contribue à développer son savoir-faire lorsqu'il s'agit de langer ou de nourrir son bébé, l'attachement augmente aussi sa sensibilité. Une mère en processus d'attachement devine intuitivement ce qui va retenir l'attention de son enfant.

Pendant les premiers jours de sa vie, le nouveau-né apprend essentiellement par les yeux. Allongé dans son berceau, il passe son temps à bouger la tête et scrute son horizon en cherchant quelqu'un ou quelque chose sur quoi fixer son attention. Il veut être amusé, intéressé, il cherche peut-être même à apprendre, mais son champ de vision étant terriblement limité, la stimulation visuelle qui éveillera chez lui une réponse doit être d'un type très particulier. Si elle est trop intense, il se sentira submergé et battra en retraite ; dans le cas contraire, il ne la remarquera pas. Un visage au repos, par exemple, ne suffira pas à le stimuler ; il est trop neutre et n'éveille pas encore, à ce stade, d'émotions chez l'enfant, même si ce visage est celui de sa mère. Mais un froncement de sourcils, un mouvement accentué des yeux, un geste de la tête indiquant la surprise exagérée, bref toutes les expressions très marquées et légèrement bêtifiantes que prend le visage de la mère en processus d'attachement correspondent parfaitement au champ de stimulation visuelle de l'enfant.

Qu'elles soient japonaises, américaines, suédoises ou samoennes, toutes les mères ou presque jouent de la même façon avec leur enfant. Elles choisissent des formes de jeu qui s'adaptent avec précision aux capacités intellectuelles du nouveau-né. De plus, les observations ont montré que tous les comportements bêtifiants des mères ne sont ni dus au hasard ni stupides, mais constituent des jeux très définis dont chacun a ses règles, son rythme et sa durée précise, chacun étant également conçu pour développer les capacités intellectuelles de l'enfant.

Prenons donc une mère en train de faire le clown. C'est un jeu très simple et qui commence très tôt après la naissance. Dans un mois ou deux, l'enfant réclamera une activité plus excitante et plus stimulante. Même à sept ou huit semaines, il a déjà une idée bien arrêtée sur ce qu'est un jeu, sur la manière dont on doit jouer et sur le temps que doit durer une partie.

Sa préférence va, entre autres, à ce qu'un spécialiste de l'attachement, le Dr Daniel Stern, appelle le « punch line behavior », le comportement de la bonne blague. Il l'a ainsi baptisé parce que le comportement d'une mère et de son enfant en train de jouer lui faisait penser à un comique racontant une histoire drôle longue et compliquée à un auditoire réceptif. Pour commencer, la mère et l'enfant se mettent en condition. Le rôle du comique est tenu par la mère; elle fait quelque chose d'idiot, elle louche par exemple. Le bébé sourit ou agite ses bras et ses jambes avec excitation, signalant ainsi qu'il en veut davantage. Ce qui encourage la mère à faire quelque chose d'encore plus idiot. Peu à peu le ton monte, c'est-à-dire que tous deux deviennent de plus en plus excités jusqu'au moment où le jeu atteint un point culminant analogue au « bon mot » de l'histoire drôle. La mère et l'enfant « éclatent de rire », la mère souvent au sens propre, l'enfant au sens figuré; le seuil d'excitation de celui-ci est à son degré le plus haut et il agite bras et jambes dans tous les sens. Puis après une pause, un peu comme le comédien professionnel ménage un temps entre les plaisanteries pour permettre à son auditoire de reprendre son souffle, le jeu recommence.

Ceci, à condition que l'enfant le veuille. S'il en a assez, et on se fatigue vite à cet âge, il montrera que le temps est venu d'inventer autre chose en tournant la tête, en diminuant l'intensité de son regard ou en refusant de sourire, bref, en exprimant ses souhaits et ses sentiments avec les moyens dont il dispose.

De même perçoit-il avec une finesse remarquable les sentiments des gens à son égard. Les yeux lui en disent long, mais le contact encore davantage. Les caresses, les cajoleries, la façon dont on le tient sont la source d'informations du nourrisson; c'est elle qui lui permet de juger l'autre personne, et surtout les sentiments qu'on lui réserve. S'il est tenu avec froideur ou indifférence, accablé de caresses ou saisi avec colère, il saura qu'il n'est pas aimé et peut-être même qu'il court un danger. En revanche, si les bras qui le tiennent sont chaleureux et encourageants, l'enfant captera les sentiments de l'autre personne et réagira en fonction de ceux-ci.

Les mères en processus d'attachement semblent le savoir. Quand je regarde les nouvelles mères prendre leur bébé et le câliner, je ne cesse d'être étonné par l'influence de l'attachement sur la façon dont elles le tiennent. Est-ce parce qu'elles sont plus confiantes ou plus à l'aise, ces mères saisissent, invariablement, leur enfant d'une façon particulière. Les femmes du film dont je parlais plus haut illustrent particulièrement bien ce fait. Alors que beaucoup d'entre elles étaient mères pour la première fois, elles tenaient leur enfant avec assurance et autorité. Aucune ne manifestait de nervosité ni d'inquiétude.

J'y pensais il n'y a pas longtemps en regardant une jeune femme qui n'avait pas eu la chance de former cet attachement. Elle essayait de nourrir pour la première fois son enfant. Comme l'infirmière le lui tendait, elle sourit pour cacher sa nervosité. Pendant quelques instants, elle fit passer son enfant d'un bras à l'autre, cherchant la bonne position. Finalement, elle réussit à trouver celle qui lui convenait, saisit le biberon et inséra avec maladresse la tétine dans la bouche de son bébé. Ce qui me frappa fut l'expression de son visage à ce moment précis : tandis qu'elle observait l'enfant qui tétait goulûment, ses yeux commencèrent à se rétrécir, sa mâchoire se durcit, et elle prit un air sévère et déterminé. Pour être honnête, je m'empresse d'ajouter que sa réaction était

Le lien vital

entièrement inconsciente et je suis certain que si on lui avait tendu une glace, elle aurait été aussi étonnée que moi de voir l'expression de son visage. Mais c'était plus fort qu'elle. La vue du lait gouttant sur le menton de son bébé la dérangeait.

En revanche, nourrir son bébé, en particulier au sein, est un réflexe naturel chez les mères qui forment le lien, au même titre que tout ce qui touche aux soins du nouveau-né. Comparant des mères en processus d'attachement et d'autres mères qui ne l'étaient pas, un chercheur de l'université de Washington observa des différences frappantes. Huit semaines après la naissance, toutes les mères n'ayant pas formé le lien sauf une avaient cessé d'allaiter leur enfant, trouvant que c'était trop de complications. Les autres, au contraire, prenaient un tel plaisir à le faire qu'elles continuaient. Ce fut également le cas d'un groupe de mères brésiliennes. Deux mois après la naissance, les trois quarts des femmes ayant formé l'attachement continuaient à nourrir leur bébé. Un quart seulement de l'autre groupe continuèrent à le nourrir au-delà du deuxième mois.

N'oubliez pas que ces études mesuraient les conséquences de l'attachement sur la durée de l'allaitement maternel, et non les bienfaits psychologiques de l'allaitement en soi. Du point de vue scientifique, ceux-ci n'ont pas encore été établis de façon déterminante, bien qu'à mon avis, ce ne saurait tarder. La nature a le sens de l'économie. Chacun de ses systèmes est conçu pour répondre à des besoins aussi multiples que variés, et il n'y a aucune raison de penser que l'allaitement fasse exception à cette règle. Si les bienfaits physiologiques du lait maternel – ses conséquences sur la santé de l'enfant et l'immunité qu'il lui apporte sont considérables –, il existe également de fortes chances pour que l'allaitement présente des avantages psychologiques. Cela ne signifie pas, pour autant, qu'une femme qui ne nourrit pas, soit qu'elle ne le puisse pas, soit qu'elle ne le souhaite pas, doive se culpabiliser. L'important sur le plan psychologique, c'est la nature des émotions que la mère communique à son enfant quand elle le nourrit. Qu'on le nourrisse au sein ou au biberon, l'enfant est capable de sentir si on l'aime.

L'amour du père est, dans les moindres détails, aussi complexe et indispensable à l'enfant que celui de la mère. Pour peu qu'on le laisse faire, un homme peut se montrer aussi « maternel » qu'une femme : protecteur, généreux, stimulant, attentif aux besoins de son enfant, débordant de tendresse. S'il nous a fallu un temps anormalement long pour prendre conscience de ces simples faits de la vie, c'est que les stéréotypes et l'incompréhension dont sont victimes les pères s'enracinent profondément dans notre culture. Même ceux qui auraient dû être les mieux informés ont souvent ignoré le rôle des pères. Peut-être Margaret Mead faisait-elle de l'humour en définissant le père comme une nécessité biologique avant la naissance et un accident social après celle-ci, toujours est-il qu'elle exprimait aussi une opinion largement répandue.

Heureusement, un changement s'est amorcé dans cette attitude. Les chercheurs ont découvert depuis peu que la vue du nouveau-né déclenche chez le père la même gamme de comportements d'amour que chez la mère, même si ce bébé est le premier. Le père parle à son enfant avec le langage et les intonations roucoulantes de la mère, et il le fait tout aussi souvent et avec la même avidité. Mais il aura fallu attendre que le psychologue Ross Parke et son équipe commencent à fréquenter le service de maternité d'un petit hôpital du Wisconsin, il y a quelques années, pour qu'on s'en rende compte. Le Dr Parke découvrit en effet que les hommes mettaient un peu plus de temps à faire preuve de chaleur à l'égard de leur enfant, sans doute parce qu'ils étaient moins préparés, biologiquement et culturellement, à le faire que les femmes. Mais cette légère différence disparaissait dès que les heures de visites étaient adaptées aux horaires des pères. Ceux-ci embrassaient, tenaient dans leurs bras, touchaient leurs nouveau-nés aussi souvent que les femmes.

C'est ce qu'on appelle le « degré d'absorption ». Un autre groupe de chercheurs constata qu'un même facteur produisait cette absorption chez les femmes et chez les hommes : le contact précoce avec le nouveau-né. Plus les pères voient tôt leur bébé, plus ils sont intéressés et captivés, et plus ils ont envie de les toucher et de jouer avec eux. Si ce contact précoce commence par la présence lors de l'accouchement, un père est également capable de reconnaître son enfant au milieu d'autres nouveau-nés (à la différence de ceux qui n'ont pas assisté à l'accouchement) et sait mieux le tenir.

On a aussi observé que les hommes avaient une autre façon de jouer avec leur bébé. En général, ils le font d'une manière plus active et plus physique que les mères, différence qui a son rôle à jouer dans la mise en place de l'attachement; l'interaction père-enfant semble en effet augmenter les réactions positives de la mère. Le Dr Parke et ses collègues ont noté qu'en présence du père, la mère souriait plus souvent à leur enfant et se montrait plus attentive à ses besoins. D'autres études ont mis en évidence toute une série de petites différences du même ordre et beaucoup de chercheurs sont aujourd'hui convaincus que l'un et l'autre, par leur relation personnelle avec l'enfant, participent d'une façon qui leur est spécifique, mais complémentaire, à son développement physique, émotionnel et intellectuel. Quant à savoir si ce phénomène est génétiquement ou culturellement déterminé, c'est encore impossible à dire. D'après les informations dont nous disposons, je pense pour ma part qu'il est essentiellement dû au conditionnement social. Dans leur relation avec leur enfant, les pères et les mères se glissent dans le rôle qu'on attend habituellement d'eux en tant qu'hommes et femmes. La mère assume presque invariablement celui de gardienne du foyer et se consacre surtout aux tâches « féminines » : elle nourrit, lange et console l'enfant. Le père se montre en général plus taquin et plus joueur.

Le meilleur exemple de ces différences de comportement et de leur signification profonde nous est sans doute fourni par une étude récente et ingénieuse conçue par des chercheurs de Boston. Très simple dans sa conception, elle consistait à mettre ensemble pères, mères et enfants dans une salle de jeu et à regarder comment s'effectuaient les interactions. Les ressemblances dans le comportement d'individus du même sexe étaient frappantes. Les mères étaient calmes, protectrices et douces avec l'enfant, leur intérêt demeurait soutenu et leur humeur égale. Elles tenaient leur bébé, le serraient dans leurs bras, parlaient ou jouaient avec lui avec la même tendresse. Les pères, en revanche, se montraient plus animés, plus vifs, plus joueurs et plus directs. Les femmes parlaient, tandis que les hommes tapotaient gentiment le bébé avec le bout du doigt ou le tenaient en l'air à bout de bras.

Cette étude faisait ressortir l'aspect complémentaire des deux comportements. Prenons une activité comme l'exploration. L'enfant élargit son horizon intellectuel par de petites expéditions. Il ne se risque que s'il est d'abord sûr de lui. Sa confiance et l'image qu'il a de lui sont le résultat de tous les messages qu'il reçoit de ses parents. Que ces messages lui parviennent par le biais des caresses, de la tendresse et de la douceur de sa mère, ou par le jeu physique avec son père, ou vice versa d'ailleurs, n'a pas vraiment d'importance. Ce qui compte, c'est que ses deux parents l'encouragent à être lui-même

Comme je l'ai déjà dit plus haut, je pense que le conditionnement social détermine qui enseigne quoi à l'enfant. Le Dr T. Berry Brazelton, de Harvard, a quant à lui une explication différente, mais pas nécessairement contradictoire. « J'ai l'impression, dit-il, que le bébé délimite avec soin le domaine réservé à chaque parent, ce qui, à mon sens, signifie que le bébé veut deux types de personnes différents pour répondre à ses besoins. Peut-être est-ce le bébé qui est à l'origine de différences aussi essentielles pour lui que pour eux. »

Le grand mystère reste néanmoins le lien qui attache le nourrisson au père. Un lien qui, en définitive, est de l'amour. Au départ, les liens psychologiques et physiologiques comparables à ceux qui unissent le bébé à la mère sont absents. Les pères ne portent pas leur enfant neuf mois durant, ils ne les allaitent pas, ne leur donnent le biberon que de façon occasionnelle et passent rarement avec eux autant de temps que leur femme. Pourtant, l'attachement qui finit par se former entre eux et le bébé peut être aussi fort et aussi vital que celui qui lie le nourrisson à la mère.

Nous avons pu l'observer en étudiant les habitudes alimentaires de l'enfant. Se nourrir représente pour lui un acte à la fois physique et chargé d'un poids affectif considérable. S'il est mal installé ou s'il manque de confiance, il s'alimentera, certes, mais en restant sur ses gardes. Autrement dit, le fait qu'un bébé boive autant qu'avec sa mère lorsque le père tient le biberon est un indicateur assez fiable de la valeur égale qu'il attache à ses deux parents. Ce qu'on a pu observer en demandant à un groupe de pères et de mères de nourrir alternativement leur bébé.

On peut aussi mesurer, mieux peut-être, les sentiments qu'éprouve le bébé à l'égard de ses parents en observant ses réactions quand l'un ou l'autre quitte la pièce. La « protestation d'abandon » est le terme plutôt lourd qui définit cette réaction et, pendant de nombreuses années, des dizaines d'études se sont attachées à ce thème, mais ne tenant compte que des mères. Jusqu'en 1970, date à laquelle un jeune chercheur plein d'allant, Milton Kotelchuck, conçut une série d'observations qui allaient le rendre célèbre, personne n'avait jamais songé à inclure les pères. L'étude réalisée par Kotelchuck était d'une élégante simplicité ; il prit cent quarante-quatre bébés et mesura leurs réactions quand le père ou la mère quittait la salle de jeu et les laissait seuls avec un étranger. Il observa que le nourrisson était aussi affecté par le départ de son père que par celui de sa mère. Beaucoup des scientifiques qui assistaient au colloque au cours duquel Kotelchuck lut sa communication ne cachèrent pas leur scepticisme, reflétant par là même l'attitude de notre société à l'égard de la paternité. Mais tout cela aussi est en train de changer, et on ne peut que s'en féliciter.

Le lien vital

J'aimerais terminer ce chapitre en reproduisant une lettre que j'ai reçue il n'y a pas très longtemps. Elle exprime la nature profonde de l'attachement mieux que n'ont pu le faire toutes les recherches que j'ai citées et mes propres observations.

« Quand je vous ai vu à la télévision, j'avais dans les bras ma petite-fille âgée de trois mois et qui vit avec nous pendant quelque temps parce que sa mère travaille. J'étais en train de lui donner son biberon. Elle avait les yeux fixés sur moi et j'éprouvai soudain un sentiment très fort et très émouvant; je sentais qu'une communication s'établissait entre nous. C'est difficile à décrire, mais on aurait dit qu'un courant puissant passait. Je ne peux pas croire que ce sentiment d'intimité puisse disparaître un jour, même après de nombreuses années. Il y a eu un contact entre elle et moi et je sais qu'elle en avait conscience sans être capable de le traduire par des mots. Elle me le disait avec ses yeux.

« Je me rappelle avoir éprouvé des années plus tôt la même impression avec sa mère, quand elle était toute petite; aujourd'hui, nous sentons encore cela quand nous nous retrouvons après une journée de travail ou quand nous nous disons bonjour le matin. "Cela", c'est, quel que soit le nom que vous lui donniez, l'attachement, un lien entre nos deux âmes, et c'est très fort et très beau.

« Cela n'existait pas entre ma mère et moi. Je sais que nous n'avons pas formé d'attachement, pourquoi, je ne saurais le dire, mais nous n'avons jamais été unies par ce genre de lien que je voyais entre mes amies et leurs mères (à des degrés divers, mais en tout cas plus qu'entre ma mère et moi) et je me sentais d'autant plus seule.

« Maintenant je me rends compte que le lien ne s'est

jamais formé et je suis mieux en mesure d'expliquer pourquoi. C'était la guerre. Je suis née en février 1939. Ma mère a vu mon père être immédiatement appelé sous les drapeaux. Pendant les premiers mois de ma vie, il n'était pas là ; il s'occupait de formation militaire. Je n'ai aucun souvenir de lui avant la fin de la guerre, quand il est rentré. Avec moi, il se montrait gentil, mais distant. Mais il était beaucoup plus intime avec les deux enfants nés pendant les années qui ont suivi son retour. Je me rappelle que je quittais la maison quand je le voyais tenir dans ses bras ma petite sœur née en 1954. J'avais quinze ans et la jalousie que j'éprouvais me faisait vraiment mal.

« Aujourd'hui, j'ai quarante et un ans et je ne ressens pas grand-chose à l'égard de mes parents, aucun sentiment d'intimité en tout cas. Je les respecte pour tous les soins qu'ils m'ont prodigués mais il n'y a rien d' "autre" entre nous. Par contre, les enfants qu'ils ont eus en 1952 et 1954 ont des rapports tout à fait différents avec eux ; ils sont vraiment proches et quand j'y pense, je n'arrive pas à croire que nous ayons les mêmes parents.

« Je n'ai pas le souvenir d'avoir été vraiment proche de quelqu'un, sauf de ma grand-mère qui m'aimait beaucoup et je me le rappelle encore. Je me souviens de son odeur, un peu douceâtre et sucrée, comme du lilas. Je me rappelle ses cheveux sur son visage, le contact de sa peau et la douceur de son accent écossais. Même aujourd'hui, quand j'entends cet accent très particulier du nord de l'Écosse, les larmes me viennent aux yeux. Je n'ai aucun souvenir d'elle qui ne soit chaleureux, aimant. C'était naturel et normal de l'aimer. Un peu comme quelque chose de magnétique. Je me sentais comme "attirée" vers elle, et quand ma mère n'était pas là ou qu'elle ne me

Le lien vital

regardait pas, je faisais n'importe quoi pour me rapprocher de ma grand-mère, pour éprouver cette "communion" avec elle. Et elle en a toujours été consciente et s'arrangeait pour faire de ces moments quelque chose d'important. Si elle me lavait la figure, elle en profitait pour me caresser les cheveux, ou me chatouiller, ou jouer un petit peu. Ma mère faisait tout ce qu'elle pouvait pour passer avant ma grand-mère, mais elle n'arrivait pas à détruire ce lien entre nous. Est-ce qu'il s'est formé pendant les premières semaines, comme vous le disiez? Je n'y avais jamais réfléchi jusqu'à maintenant où j'ai commencé à vous écrire. Peut-être que cela remonte à cette période, quand on m'a envoyée chez elle.

« Dernièrement, il est arrivé quelque chose d'étrange. Nous sommes allés à Toronto, mon mari et moi, et nous nous sommes rendus sur la tombe de ma grand-mère. C'était la première fois. Elle est morte il y a quelques années, quand nous étions en Colombie britannique.

« En cherchant sa tombe, j'ai entendu dans ma tête une berceuse – toute ma vie, cela avait été une sorte de petite chanson intérieure venue d'on ne sait où –, et puis soudain, je me la suis rappelée, pendant que je cherchais sa tombe. Quand je l'ai trouvée, je n'ai pas voulu que mon mari vienne, et j'étais gênée d'éprouver une telle réaction car il avait passé toute la matinée à la chercher avec moi. Mais j'avais l'impression de vouloir être seule avec elle, de me "brancher" de nouveau sur cette communication très spéciale que nous avions ensemble. Je savais bien qu'"elle" n'était pas dans la tombe, mais cela ne changeait rien, et cette chanson s'accrochait à mon esprit. Je ne sais pas ce que signifie cette berceuse. C'était une musique très douce, très légère, belle. Et ce jour-là, elle remplissait le cimetière.

« Jusqu'à ce que j'aie rencontré mon mari, elle était la seule personne dont je pouvais lire *dans les yeux* l'amour qu'elle éprouvait pour moi.

« J'espère que ma lettre vous sera utile ».

Chapitre 9

LA PREMIÈRE ANNÉE

En moins de dix ans, le nourrisson végétatif dont on m'avait parlé pendant mes études de médecine à Harvard à la fin des années 1950 a soudain fait place à une créature d'une résistance étonnante et pleine de ressources, qui émerge de l'utérus avec ce qui – pour les médecins de ma génération – paraît un ensemble impressionnant d'aptitudes physiques, intellectuelles et émotionnelles. Loin d'être cet être insensible décrit par les manuels, cet enfant peut voir, toucher, goûter, éprouver, et jouer; il est capable de réagir aux stimulations ou de les susciter par des opérations complexes, et il affiche des préférences manifestes pour certains aliments, certains jeux et même certains types de langage.

A la naissance et pendant les semaines qui suivent, non seulement il est conscient, mais il assimile déjà de petites doses de stimulation visuelle. Déplacez un jouet devant les yeux d'un nourrisson, il le remarque. Les contrastes attirent aussi son attention; il y est même si sensible que c'est une des raisons pour lesquelles la mère a parfois du mal à capter le regard de son bébé. Celui-ci est aussitôt attiré par le contraste passionnant que forme la naissance des cheveux sur le visage de sa mère. Ce phénomène inquiète parfois la mère débutante, obligée de chercher les yeux de son nourrisson pour établir un contact visuel direct.

Immédiatement après la vue, l'outil principal avec lequel le nouveau-né va explorer l'univers qu'il vient de découvrir est l'ouïe, et de tous les bruits qui remplissent cet univers, il en est un de particulièrement adapté à ses capacités auditives, c'est la voix humaine. Lorsqu'ils s'adressent aux bébés, les adultes haussent instinctivement le ton et parlent en respectant des intervalles de cinq à quinze secondes; des observations récentes montrent que cette combinaison très spéciale rythme-tonalité a la particularité d'éveiller et de retenir l'attention très brève du nouveau-né.

On connaît moins les capacités olfactives du nouveau-né, bien que des études récentes aient fait apparaître qu'il était étonnamment sensible à quatre odeurs au moins. Les trois premières sont le réglisse, l'ail et le vinaigre; la quatrième est l'odeur de la mère, comme l'a prouvé Aidan Marcfarlane en faisant appel à la contribution de plusieurs mères en train d'allaiter. Le Dr Marcfarlane leur demanda de glisser des tampons de gaze à l'intérieur de leur soutien-gorge entre les tétées. Puis elle plaça d'un côté de la tête du bébé le tampon porté par la mère, et de l'autre un tampon n'ayant pas été mis en contact avec celle-ci. Son idée était la suivante : si le nourrisson tournait la tête vers le tampon porté par la mère, cela signifiait qu'il reconnaissait son odeur. Les résultats montrèrent que même un nourrisson de cinq jours manifestait sa préférence pour le tampon imprégné de l'odeur maternelle.

Il est beaucoup plus difficile de mesurer la personnalité, ce qui explique peut-être pourquoi la médecine a soutenu pendant des générations que le nouveau-né n'en avait aucune. Cet enfant, pensait-on, était une page blanche dont le style personnel commençait à émerger seulement lorsqu'il avait à son actif un tant soit peu d'expérience vécue. Les recherches actuelles ont remis en question cette théorie. Presque tous les cent quarante et un nourrissons observés dans une de ces études manifestaient un style et un tempérament marqués très tôt après la naissance. Bien que les chercheurs n'aient pas examiné l'origine et les raisons de ces différences, leurs conclusions méritent qu'on s'y arrête car c'est une des rares études de personnalité à long terme dont nous disposions. Pendant les dix années où elle suivit ces enfants, l'équipe de chercheurs fut à même de pratiquer des observations particulièrement intéressantes sur les interactions délicates de l'hérédité et de l'environnement qui contribuent à la formation de la personnalité. Parmi les informations les plus passionnantes qu'elle recueillit ainsi, plusieurs ont trait au comportement des sujets pendant la petite enfance.

A ce stade, les réactions du nouveau-né sont encore peu affinées et unidimensionnelles ; elles peuvent d'autre part avoir des significations différentes et contradictoires. Il est difficile pour l'observateur de dire avec exactitude ce qu'éprouve un bébé dont les coups de pied peuvent manifester la joie, la tristesse, la peur ou l'anxiété. Mais ce qui est important, c'est la quantité de coups de pied ; les chercheurs ont en effet observé que le degré d'activité d'un nourrisson constituait un des premiers grands indicateurs de sa future personnalité. Certains nourrissons bougent relativement peu et quand ils le font, c'est volontaire ; d'autres, au contraire, ne cessent de gigoter. Si une activité excessive n'exprime pas systématiquement un niveau élevé d'anxiété, tout porte à croire cependant qu'elle traduit bien, dans certains cas, l'anxiété.

Un garçon, que les chercheurs appelèrent Donald, en est une parfaite illustration. « Donald, écrivaient-ils, montra un degré d'activité extrêmement élevé presque dès la naissance. A trois mois, déclarèrent ses parents, " il remuait et gigotait " en dormant. A six mois, " il nageait comme un vrai petit poisson dans son bain ". A quinze mois, les parents " passaient leur temps à courir derrière lui ". » A trois ans, Donald continuait à être l'exemple vivant du mouvement perpétuel. Même la discipline renforcée de l'école ne pouvait ralentir cette activité. Comme le disait avec humour et affection sa maîtresse de jardin d'enfants : « Pour un peu, il aurait grimpé au mur et marché au plafond. » Mais quelques années plus tard, les professeurs voyaient d'un œil moins tendre cette hyperactivité. L'équipe de chercheurs observait qu'à l'âge de sept ans, « Donald avait des problèmes à l'école parce qu'il était incapable de rester assis suffisamment longtemps pour apprendre quoi que ce soit et qu'il dérangeait les autres enfants en se promenant dans la classe ».

Bien sûr, tous les bébés débordant d'énergie ne sont pas de futurs Donald. L'activité est seulement un indicateur annonçant la personnalité. Si l'énergie de l'enfant est correctement canalisée, et si ses parents et professeurs lui permettent de s'exprimer en fonction de son style, il peut devenir un individu actif, heureux et ouvert.

De même, les réactions du bébé à la nouveauté – des aliments nouveaux, des personnes ou des lieux inconnus, de nouvelles habitudes de vie – sont

La première année

particulièrement révélatrices. Le changement, du fait de sa nature même, perturbe tous les nourrissons, mais les médecins qui réalisèrent cette étude ont remarqué que certains bébés, bien que momentanément déconcertés, se font sans peine à leur nouveau rythme ou à leur nouveau régime. D'autres éprouveront plus de difficultés; ils gigotent, crient, pleurent et d'une façon générale font tellement d'histoires que la mère perd souvent patience. L'âge et l'expérience ne gomment pas toujours les angles de leur énervement. On a observé qu'à deux ou trois ans, les enfants les plus excités réagissaient de façon excessive à des incidents insignifiants; je pense plutôt quant à moi qu'ils réagissaient en fait à des expériences antérieures datant de la naissance ou de la période intra-utérine.

Plusieurs de ces traits de caractère précoces expriment simplement un stade du développement; une fois ce stade dépassé, ils disparaissent. D'autres semblent plus durables, mais étant donné que les pulsions et les désirs qui commencent à émerger in utero ne prennent leur forme définitive que vers la troisième ou la quatrième année, eux aussi peuvent se modifier. Ce qui se produit pendant cette période intermédiaire peut en fait exercer une influence aussi déterminante sur leur forme définitive que les expériences intra-utérines.

C'est pourquoi le rôle des parents et l'attention qu'ils porteront à l'enfant sont capitaux. Guide et interprète du bébé dans le nouvel univers que celui-ci découvre, le parent l'aide non seulement à définir la compréhension qu'il a de cet univers, mais aussi, et pour une large part, à se débrouiller avec succès. Tous les mécanismes qu'il doit mettre en œuvre pour parvenir à ce résultat – son intelligence, son langage et ses pulsions – sont considérablement influencés par son père et sa mère et par ce qu'il reçoit d'eux. Il ne fait aucun doute que la qualité de l'attention (l'attachement) dont bénéficie un bébé dans les heures qui suivent sa naissance détermine le genre de personne qu'il deviendra. Pendant les premiers mois les réactions de ses parents, ou leur absence, auront sur lui un retentissement aussi intense. Après l'héritage génétique, la qualité des soins donnés par les parents constitue le facteur essentiel qui déterminera la profondeur et l'étendue de l'intelligence. Les jeux qu'on proposera à l'enfant, la façon dont on s'adressera à lui et dont on le traitera seront autant d'éléments intervenant dans ce processus.

Comment ces facteurs se combinent-ils et influencent-ils les traits qui ont déjà commencé à se former pendant la période intra-utérine, nous ne le savons pas encore avec précision, en grande partie parce qu'il est très difficile de définir à des fins d'observation une abstraction comme la personnalité. Nous avons de bonnes raisons de croire, comme nous l'avons vu au chapitre 3, qu'une conscience rudimentaire du moi commence à émerger dès la période de gestation *. Comme le fœtus, le nouveau-né vit dans son propre univers indépendant. La nourriture, les jouets, les bruits, sa mère, n'existent que dans la mesure où il peut les goûter, les toucher, les entendre, les percevoir ou les tenir. Il ignore encore ce que sont les gens; il sait seulement réagir à ce qui lui est proposé. Même une activité aussi simple que chatouiller – qui constitue, comme le faisait remar-

---

* C'est dans le livre très documenté et pénétrant du Dr Robert McCall, *Infants : The Knew Knowledge*, qu'on trouvera l'explication la plus satisfaisante de l'existence du conscient chez le nourrisson ; une grande partie de ce chapitre s'inspire de cette source.

quer Burton White, un psychiatre de Harvard, un phénomène autant physique que social – le dépasse. « Pour que le chatouillement soit réussi, déclare le Dr White, il vous faut un chatouillé capable de percevoir le chatouillement. Vous pouvez chatouiller un nourrisson de deux mois, il ne se passera rien... Un être humain ne devient chatouilleux qu'à trois mois et demi au moins. Cette nouvelle sensibilité semble signifier qu'il est socialement conscient. »

Une des raisons pour lesquelles un bébé de deux mois ne se montre pas socialement conscient plus tôt est, peut-être, tout simplement qu'il n'en a pas eu le temps. Au cours des premiers mois, le nourrisson est trop occupé à explorer ce qui l'entoure et à acquérir les techniques dont il aura besoin plus tard pour apprendre. A la naissance, la plupart de ces techniques – voir, entendre, goûter, sentir et toucher, autant d'outils essentiels pour l'apprentissage –, sont déjà présentes et fonctionnent. La mémoire aussi. Compte tenu du temps qu'il a passé à s'exercer in utero, il n'est pas étonnant que le nouveau-né soit déjà passé maître en la matière, comme l'a prouvé le Dr Steven Friedman il y a quelques années. Les sujets qu'il observait, âgés seulement de quelques jours, étaient manifestement incapables de lui dire ce dont ils se souvenaient. Mais sachant qu'un objet nouveau ne manque jamais d'éveiller l'attention d'un nourrisson même très jeune, le Dr Friedman pensa que si devant un damier qu'on lui montrait pour la troisième ou la quatrième fois, le bébé ne manifestait plus de curiosité, cela signifierait qu'il en gardait le souvenir. Ce qu'il put en effet observer. Après qu'on leur avait présenté l'objet à plusieurs reprises, les nouveau-nés exprimaient leur ennui en détournant la tête. Pourtant, ils gardaient un souvenir suffisamment précis du motif pour réagir et déjouer l'astuce du Dr Friedman : chaque fois qu'on leur présentait un damier avec un nombre différent de cases, leur curiosité était de nouveau éveillée.

Naturellement, le nourrisson peut découvrir d'autres utilisations pratiques de sa mémoire et il ne met pas longtemps à les apprendre. En moins d'un mois, il est capable de se rappeler le visage de sa mère ; mais comme il regarde surtout le front et les yeux de celle-ci, l'image qu'il conserve en mémoire ressemblera davantage à un tableau abstrait de Picasso qu'à un visage humain. Une autre fonction utile de la mémoire est de lui rappeler l'heure de la tétée. Au bout de quelques semaines seulement, il connaîtra ses horaires et, comme l'a montré une étude récente, il n'aime pas les modifications imprévues. Les bébés observés par les chercheurs et habitués à être nourris toutes les trois heures, commençaient à s'agiter et à manifester des signes d'inconfort quand on augmentait l'intervalle de temps entre deux tétées. De plus, les enfants, comme les adultes, peuvent avoir faim avant l'heure prévue. Plus nous apprenons tôt à respecter les besoins individuels du nourrisson, plus nous l'aidons à développer le respect qu'il a de lui.

Mais le meilleur indicateur de la vivacité d'esprit d'un nourrisson à ce stade est peut-être sa capacité d'imitation. C'est un art qui exige la maîtrise de techniques nombreuses et très élaborées. D'abord, l'enfant doit comprendre que l'adulte qui lui fait des grimaces veut être imité ; ensuite, il doit apprendre à reproduire ces expressions ; enfin, il doit se laisser convaincre d'entrer dans le jeu par ce qui n'est, en somme, qu'une récompense purement abstraite : la

La première année

satisfaction de la personne qu'il imite. Autant de raisons pour lesquelles, jusqu'à une période récente, les psychologues pensaient qu'avant l'âge de neuf mois, l'enfant en était incapable. Mais depuis peu, plusieurs études ont fait apparaître que même des bébés de quelques jours étaient en mesure d'imiter. Dans l'une d'elles, qui a fait date, les chercheurs ont réussi à se faire imiter par les bébés de toute une nursery. Certains n'avaient qu'un jour! Quand un de ces chercheurs tirait la langue, faisait une grimace ou agitait les doigts devant un bébé, celui-ci réagissait dans le même sens. Ces expériences (et d'autres du même ordre) prouvent de façon certaine la présence chez le nouveau-né d'une pensée déjà bien formée (on pourrait même dire adulte), capable de manier des concepts abstraits.

Un mois ou deux suffiront à l'enfant pour pouvoir maîtriser des activités encore plus compliquées. Je dis « pouvoir » car plusieurs autorités, dont le Dr Burton White et le Dr John Watson de l'université de Californie, estiment que si beaucoup de nourrissons ne parviennent pas à imiter, ce n'est pas parce qu'ils sont moins brillants ou qu'on ne leur a pas appris à le faire, mais parce qu'on ne le leur a pas montré de façon correcte. Apprendre quelque chose à un nourrisson est à la fois un art et une science. Les parents peuvent lire tous les livres qui ont été écrits dans ce domaine et suivre toutes les recommandations, leurs efforts se solderont par un échec s'ils ne perçoivent pas les possibilités de leur enfant et ses rythmes. Comme nous, les nourrissons apprennent mieux quand ce qui leur est enseigné fait appel à leurs capacités naturelles; à six ou sept semaines, l'enfant sait surtout regarder, attraper, téter et gazouiller, et les choses qu'il apprendra le plus vite et le mieux sont liées à ces activités. Tout ce qui sera plus compliqué non seulement lui échappera, mais pourra même lui nuire, surtout si ce savoir lui est imposé par un parent trop ambitieux.

Les parents oublient parfois aussi que l'éventail des réactions de leur enfant à ce stade n'est guère plus large qu'un fil, même un peu épais. Comme on a pu l'observer, les signaux qui encouragent certaines actions, comme parler, doivent être déterminés avec précision dans le temps. Un enfant a besoin d'un encouragement immédiat, c'est-à-dire intervenant dans les cinq ou six secondes qui suivent, sinon il ne l'associera pas à son comportement – ce qui signifie dans ce cas particulier qu'il ne se sentira pas encouragé à parler davantage.

La pratique joue un rôle déterminant. A mesure que le parent apprend à connaître les rythmes et les réactions de l'enfant, il – ou elle – harmonisera avec plus de précision ses propres réponses. Dans l'idéal, celles-ci devraient être aussi plus fréquentes. Des intervalles de jeu ou de communication de trente à quarante-cinq minutes par jour peuvent apporter une stimulation suffisante à l'enfant, quoique cela me paraisse un minimum. Mais l'existence d'une progression presque géométrique entre la quantité de temps réellement consacrée à l'enfant et son développement intellectuel et émotionnel a été établie il y a quelques années par le Projet pré-scolaire de Harvard, une étude sur les débuts de l'apprentissage, unique en son genre et novatrice, que dirigeait le Dr White. J'y reviendrai plus longuement par la suite, mais un des points intéressants qu'il put, avec ses collaborateurs, mettre en évidence fut que les indicateurs habituels servant à évaluer la performance de l'enfant – les revenus des parents, leur degré d'instruction et leur niveau social – étaient considérablement moins importants que la qualité de l'attention et des soins donnés par la mère. Les nourrissons et les jeunes enfants les plus brillants et jugés les plus attachants venaient de milieux divers, mais tous avaient eu des mères attentives, enthousiastes, prêtes à fournir les indications nécessaires et dispensant avec générosité leur temps et leurs émotions.

La psychologue d'enfants Mary Ainsworth, de l'université de Virginie, appelle ces femmes les « mères sensibles ». « Une mère sensible, dit-elle, est capable de voir les choses du point de vue de son bébé. Elle est branchée sur ses signaux [...] et y réagit vite et comme il convient. Même si à première vue, elle semble toujours faire ses quatre volontés, poursuit le Dr Ainsworth, même quand elle dit non, elle montre avec tact qu'elle a compris ces signaux et propose d'autres solutions. Ses réactions tiennent compte des désirs de son enfant et de ses messages. Par définition, elle ne peut être ni rejetante, ni importune, ni indifférente. »

Parmi toutes les qualités qui la distinguent de la « mère insensible », la plus importante est, de l'avis du Dr Ainsworth, sa capacité de s'identifier à son enfant et de voir le monde comme lui le voit. « La mère insensible, dit cette psychologue, oriente ses intentions et ses initiatives d'action presque exclusivement en fonction de ses propres désirs, humeurs et activités. » Ce faisant, elle ignore souvent les signaux de son enfant ou se méprend sur leur signification ; de telle sorte que l'enfant en souffre. Souvent, le nourrisson perd sa confiance en lui. Même un bébé de cinq à six semaines a besoin de sentir que ses actions influencent son entourage. Chaque petit succès l'encourage à entreprendre quelque chose d'un peu plus ambitieux, et chaque fois il est un peu plus sûr qu'on respectera ses désirs. Étant donné qu'à ce stade, ce sont les réactions de sa mère qui lui donnent la mesure de sa réussite, si celle-ci l'ignore ou interprète mal ses efforts, il finira par abandonner. C'est ce que les psychologues appellent l'« impuissance renforcée », et vous en voyez les conséquences chez l'enfant de trois ans qui ne sait pas boutonner sa chemise, celui de sept ans qui est incapable de lire l'heure et l'adulte de trente ans qui impute ses échecs à des circonstances dont il n'est pas le maître.

Alors que les racines de ce comportement plongent parfois jusque dans la vie intra-utérine, l'insensibilité manifestée à l'égard du nouveau-né pendant les premières semaines de sa vie peut transformer ce qui n'était jusque-là qu'une tendance en un trait de caractère définitif capable de constituer un handicap sérieux pour l'enfant au moment où il se préparera à faire le prochain grand bond de son développement émotionnel et intellectuel, c'est-à-dire entre le deuxième et le septième mois. Pendant presque toute cette période en effet, le nourrisson se montre toujours incapable d'effectuer la distinction essentielle entre lui et le monde; satisfait, il demeure le centre de son petit univers. Mais comme son corps et son intelligence se sont énormément développés, il est maintenant beaucoup mieux armé pour aborder la réalité objective de ce qui l'entoure. Il voit mieux. En fait, sa vision est presque aussi bonne que celle de l'adulte. Il est capable de saisir et de ramasser des objets plus gros et plus compliqués, de jouer avec et de les rejeter. Ce qui s'accompagne de conséquences importantes pour son développement intellectuel car ces nouvelles aptitudes lui permettent de passer de la question fondamentale : « Qu'est-ce que c'est ? » à : « Que puis-je en faire ? »

Dans l'idéal, les jouets qu'on lui donne et les jeux auxquels il joue à ce stade devraient lui apporter la réponse. Une balle, c'est très bien, mais une balle qui couine quand on la presse ou qui fait « boum » quand on la jette à terre, c'est encore mieux ; un parent qui émet un bruit incongru quand on lui touche l'oreille est infiniment plus intriguant qu'un parent qui se contente de sourire. Ce genre de jeu contribue énormément au sentiment de maîtrise des choses qu'acquiert l'enfant. C'est parce qu'il touche ou presse que ces choses se produisent, et le fait qu'il réussisse à opérer un tel changement l'encourage à aller de l'avant et à s'essayer à une entreprise plus aventureuse la prochaine fois. Peut-être ce sentiment de pouvoir sur le monde environnant explique-t-il le succès rencontré chez le nourrisson par le jeu de « la bonne blague » du Dr Stern. Même dans le rôle de spectateur, il a conscience de modifier le comportement maternel.

Malgré ses prouesses nouvellement mises en évidence, le nourrisson de trois ou quatre mois n'est pas encore prêt à dépasser ce stade élémentaire. Les balles, les hochets et les cubes sont tout ce qu'il peut manier physiquement et émotionnellement, et comme ils n'existent qu'en fonction de lui, il les utilisera tous de la même façon. Par la suite, une fois qu'il commencera à effectuer la distinction entre lui et le monde, les objets s'individualiseront et il adaptera son jeu aux exigences de chaque jouet. Il jettera ou pressera les balles plutôt que les cubes, et il secouera son hochet au moins aussi souvent qu'il le mordillera.

A ce stade, l'enfant est particulièrement sensible au

toucher. Le goût et le toucher, ainsi que la vue et l'ouïe, continuent à lui apporter l'essentiel de son information sur le monde. Il mord, mâchonne, lèche et regarde presque n'importe quoi pourvu que la couleur, la forme ou l'odeur l'intéressent. Convenablement orientée, cette curiosité peut même devenir une sorte de jeu. Le nourrisson est un joueur né et n'a pas besoin de surveillance. Le jeu est un exutoire satisfaisant à l'agressivité naturelle. Il est aussi une excellente façon d'élargir l'horizon intellectuel d'un enfant. Voici quelques idées dont vous pouvez vous inspirer :

Le toucher. Placez l'enfant sur des surfaces au contact différent, un tapis ou une couverture par exemple, afin qu'il puisse apprécier leur texture par le toucher.

La vue. Faites un mobile avec des formes en carton de diverses couleurs que vous suspendrez au-dessus de son berceau. La seule vue des couleurs et des formes lui plaira et très vite il tendra la main pour les attraper.

L'odorat. Installez l'enfant à côté de vous dans un siège de bébé pendant que vous préparez le déjeuner. Non seulement votre présence lui tiendra compagnie, mais il découvrira de nouvelles odeurs.

L'ouïe. Branchez la radio ou l'électrophone quand il est éveillé. Ces nouveaux sons le stimuleront. (Mais la musique doit être relativement douce : pas de rock endiablé.) Et rappelez-vous que la radio ne doit pas se substituer à votre présence.

La gymnastique est également une activité qui se prête à l'apprentissage. Les bébés adorent bouger; en gigotant, en donnant des coups de pied ou en se berçant, ils obtiennent des informations utiles sur les dimensions de leur corps et sur le fonctionnement de ses différentes parties. Si vous imposez, sous la forme de gymnastique, une certaine discipline à ces mouvements effectués au hasard, vous accélérez le rythme de l'apprentissage. Pour mieux familiariser un enfant avec ses bras, par exemple, allongez-le sur le dos et repliez alternativement ses bras sur sa poitrine. Faites les mêmes mouvements avec les jambes. Toujours dans cette position, offrez-lui vos doigts; puis, une fois qu'il les a saisis, tirez-le doucement jusqu'à ce qu'il soit en position assise, puis allongez-le de nouveau lentement. Un nourrisson de trois ou quatre mois n'aura peut-être pas encore assez de force pour jouer ainsi, mais à sept ou huit mois, un bébé, fille ou garçon, doit être capable d'agripper avec toute la vigueur voulue les doigts des parents.

Bien que les différences liées au sexe n'émergent que beaucoup plus tard, à ce stade déjà, garçons et filles commencent à faire preuve d'un comportement que nous jugeons masculin ou féminin. Dès la nursery on devine les premières traces de ce qui a toujours été considéré comme des qualités féminines : l'empathie, l'attention aux autres, l'émotivité, l'altruisme et la sensibilité. Les bébés filles pleurent plus que les garçons, et pour d'autres raisons. On a observé que les filles pleureront plus facilement par contagion. Elles sourient davantage et réagissent différemment au visage humain. Tous les bébés aiment les visages, mais ce goût semble plus marqué chez les filles. La vue d'un visage déclenche presque toujours une cascade de gazouillis heureux chez un nourrisson du sexe féminin, le nourrisson masculin se montrant plus réservé. Une étude relevait que les filles de trois mois préféraient regarder des photos représentant des visages plutôt que des objets. Les garçons, en revanche, étaient également ravis par les unes et les autres.

Nous ne sommes pas certains que ces différences aient une origine biologique, mais les recherches récentes l'ont montré sans ambiguïté ce qui n'est peut-être au départ que des différences constitutionnelles révélatrices, quoique mineures, devient après des années de conditionnement social des différences importantes de la personnalité. Il semble que les divergences de comportement entre les hommes et les femmes viennent essentiellement du fait qu'on les leur a apprises dès la petite enfance. Prenons une qualité comme la confiance en soi, dans laquelle notre société voit en général une caractéristique surtout masculine ; elle se forme très tôt et dépend de la quantité d'attention que reçoit un individu. C'est exactement ce qui apparaît dans ces études. On parle plus aux garçons, on les encourage et on les câline davantage, et cette différence persiste tout au long de l'enfance et de l'adolescence. L'audace est un autre trait de caractère appartenant au stéréotype masculin et qui semble elle aussi découler en partie d'un apprentissage précoce. Comme le montrent des observations récentes, on donne plus de liberté aux nourrissons garçons qu'aux filles pour explorer le monde qui les entoure, et qui plus est, on les surveille moins quand ils le font.

Les caractéristiques émotionnelles traditionnellement jugées masculines et féminines portent également la marque des premières expériences de l'enfant. Si, adultes, les hommes sont plus réservés et se maîtrisent davantage, et si les femmes font preuve de plus de générosité et de spontanéité, faut-il vraiment s'en étonner? Je ne crois pas; il suffit de penser à la façon dont on apprend aux bébés à contrôler leurs émotions si ce sont des garçons ou à les exprimer si ce sont des filles. Et je ne crois pas non plus qu'il soit bon de continuer à perpétuer ces différences apprises. Ce genre de conditionnement social a bien inutilement, et parfois bien cruellement, réduit en miettes l'enthousiasme de milliers d'enfants.

Chaque enfant doit être autorisé à suivre son penchant naturel, même si celui-ci ne correspond à aucun stéréotype social. C'est dans la nursery que nous devons commencer à modifier notre système trop lourdement orienté vers l'accomplissement et la réussite de l'homme; c'est là que les filles doivent bénéficier des mêmes encouragements, de la même stimulation et de la même attention que les garçons. L'équité n'est jamais aussi importante qu'entre le septième et le treizième mois.

C'est au début de cette période que l'enfant effectue enfin la distinction capitale entre lui et le monde. Les bébés commencent à remarquer que les mères, les pères, la nourriture, les jouets, les spectacles et les sons ont une existence indépendante d'eux; cette prise de conscience a des répercussions considérables sur leur pensée. Rien ne saurait mieux illustrer la modification profonde qui se produit sur l'intelligence humaine pendant cette phase que l'expérience imaginée par le psychologue suisse Jean Piaget, il y a plusieurs dizaines d'années.

Nous devons une grande part de ce que nous savons sur le développement de l'intelligence à Piaget, dont beaucoup d'études ont eu pour point de départ l'observation de ses propres enfants. Dans cet exemple précis, il cherchait à déterminer avec précision le moment où les personnes et les objets commençaient à prendre une existence indépendante aux yeux de l'enfant. Pour cela, il imagina un test auquel il soumit ses enfants vers l'âge de cinq-six mois.

S'assurant chaque fois que Piaget junior suivait ses mouvements, il prit un jouet qu'il dissimula en partie sous une couverture. Jusque-là, pas de problème : tant qu'une portion de l'objet restait visible, le bébé se mettait sur le ventre et commençait à ramper dans sa direction pour le saisir. Piaget corsa la difficulté en recouvrant entièrement l'objet. Pour le récupérer, il suffisait à l'enfant de se mettre de nouveau sur le ventre et de pousser la couverture qui était, elle, toujours aussi apparente. Mais justement, toute la différence était là. Malgré des tests répétés, tous les jeunes Piaget se désintéressèrent du jouet. Ils restaient pris dans leur univers; une fois que l'objet avait disparu de leur champ visuel, il cessait d'exister pour eux, au même titre que les parents et les autres objets qui ne pouvaient plus être directement vus ou touchés. Piaget répéta l'expérience quand ses enfants eurent quelques mois de plus. Cette fois, ils furent capables de comprendre que le jouet existait indépendamment d'eux et, au lieu de s'en désintéresser une fois qu'il était recouvert, ils allaient dans sa direction, repoussaient la couverture, saisissaient l'objet et repartaient en le tenant solidement.

Sur le plan comportemental, ce changement conceptuel modifie profondément la relation entre l'enfant et les gens qui l'entourent. Jusque-là, il ne manifestait aucune préférence vraiment marquée pour les adultes qui traversaient son univers. Les parents obtenaient de plus larges sourires que les étrangers et leur départ le perturbait davantage.

Mais, comme le souligne le Dr Robert McCall, ancien président du département de psychologie et chef du département du développement perceptuel et cognitif au Fels Research Institute, un bébé de quatre ou cinq mois semble attacher plus d'importance à la présence de quelqu'un qu'à ce quelqu'un proprement dit. Il sourit aux étrangers et, si on le laisse seul, il accueille presque tous les visages inconnus avec autant d'intérêt que celui de son père ou de sa mère. Vers le septième mois (ou le sixième chez certains bébés), les choses commencent à changer. L'enfant est sur ses gardes ou se montre méfiant ; il se raidit en présence d'une personne inconnue. Celle-ci est posément inspectée par son regard attentif ; si elle s'approche trop vite du berceau ou y glisse la main de façon inattendue, elle a de fortes chances de déclencher un flot de larmes.

On pourrait croire que l'enfant a une réaction de frayeur et, compte tenu des circonstances, l'explication serait logique. Cependant, le D^r McCall pense que ces confrontations produisent chez le bébé un sentiment plus subtil, l'incertitude. C'est une émotion déjà éprouvante pour un adulte malgré sa longue expérience de la vie en société, alors imaginez combien le bébé peut être perturbé. Le D^r McCall note que si des étrangers constituaient une menace en soi, leur seule présence serait alarmante. Mais si le contact s'établit avec lenteur ou par le biais d'un jeu familier, le nourrisson l'accepte en général sans difficulté. Ces deux comportements diminuent également l'anxiété produite par l'incertitude, le premier en donnant à l'enfant le temps de s'adapter à cette nouvelle situation, le second en lui fournissant une activité qu'il partage avec la personne inconnue.

Étant donné que presque tous les enfants manifestent entre sept et vingt-quatre mois les mêmes réactions à l'égard d'une personne étrangère, ces deux comportements devraient être adoptés chaque fois qu'on aborde un bébé. Donnez à celui-ci un peu de temps pour examiner le nouveau venu avant de lui dire d'approcher ; si l'enfant est en âge de parler, on peut lui apprendre quelques expressions élémentaires du comportement social comme « bonjour » et « au revoir », ce qui lui donne quelque chose à faire avec cet étranger ou cette étrangère.

Cette nouvelle conscience de l'enfant pose aussi d'autres problèmes. Maintenant qu'il se rend compte que sa mère existe indépendamment de lui, il n'est plus obligé d'attendre passivement son apparition. Le fait qu'il puisse la faire venir, associé à sa nouvelle connaissance des choses, va être à l'origine d'un certain nombre de jeux, nouveaux eux aussi et, j'en ai peur, exaspérants pour les mères. Un des succès du genre est le sempiternel « je laisse tomber mon jouet ». Alors qu'un peu plus jeune, il laissait tomber son jouet mais l'oubliait dès qu'il l'avait perdu de vue, ce qui permettait à sa mère de le ramasser quand cela l'arrangeait, maintenant il a non seulement découvert que c'était un jeu amusant, mais qu'on pouvait y jouer indéfiniment. Tout ce dont il a besoin, c'est d'un jouet qui fasse « boum » en touchant le sol, et d'une mère qui veuille bien le lui ramasser.

A cette période également, il fait une découverte plus pratique : il est capable de se rappeler le nom des choses. Il reconnaît des mots comme « au revoir », « bonjour », « papa » et son propre prénom, bien qu'il ne puisse pas encore le prononcer. Après la découverte du monde extérieur, c'est la découverte intellectuelle la plus sensationnelle qu'il fasse au cours de cette première année. Toute connaissance humaine s'acquiert par le langage, et la compréhension même silencieuse de ce qu'il signifie ouvre de nouveaux royaumes à l'enfant avide d'apprendre. De simples mots passe-partout comme « maman », « papa », « bonjour » et « au revoir » finissent par conduire à la compréhension d'un langage et de techniques sociales rudimentaires.

Cette observation s'est trouvée confirmée par le Projet préscolaire de Harvard, où les bébés et les jeunes enfants les plus avancés dans la compréhension du langage obtenaient presque toujours les meilleurs résultats aux tests. Ces résultats n'ont pas une importance capitale étant donné qu'ils varient considérablement chez un enfant tant que son intelligence n'est pas stabilisée, c'est-à-dire jusqu'à trois ans environ. Mais les fondements de cette intelligence sont posés pendant les années qui précèdent ce troisième anniversaire et, comme je l'ai montré plus haut, les enfants ayant réalisé les meilleures performances au cours de la première année se distinguent des autres par la qualité des soins maternels qu'ils ont reçus. Leurs mères stimulaient leurs émotions, mais aussi leur intelligence. Elles leur parlaient ; elles prononçaient le nom de l'objet qu'elles leur tendaient, elles nommaient ce qu'ils regardaient. Toutes les occasions étaient bonnes pour que s'amorce le dialogue mère-enfant. Ces femmes n'avaient suivi aucune formation particulière. Elles « profitaient », comme on dit, de leur enfant, sans se forcer ; elles étaient heureuses d'être avec lui, de lui montrer les choses, de le laisser aller librement dans la maison et de tout explorer. Très tôt, leur bébé était devenu un membre actif et respecté de la communauté familiale dont tous les autres membres étaient disponibles à n'importe quelle heure du jour et de la nuit. Cette vie sociale affectivement et intellectuellement riche constitue la deuxième caractéristique par laquelle se distinguent les sujets les plus brillants de cette étude.

Une des raisons assurant, entre autres, le succès de ces enfants était la quantité d'adultes qui les encourageaient, avec lesquels ils entretenaient une relation affectivement riche et en qui ils trouvaient des modèles de rôles dans leur environnement immédiat. Un enfant cherche naturellement à s'identifier aux gens qu'il aime. S'il voit que son père ou sa mère aime lire, écouter de la musique ou faire du sport, il voudra s'intéresser à ces activités. Mais cette règle s'accompagne de deux corollaires importants : on ne doit pas forcer un enfant à faire une chose simplement parce qu'on juge cette activité bonne pour lui; et un parent ne doit pas faire semblant de s'intéresser à quelque chose. Voici encore quelques points à ne pas oublier :

— *Respectez votre enfant*. Ne commettez pas l'erreur de croire que votre enfant ne fera pas attention à ce que vous faites ou dites à proximité de lui avant l'âge de deux ou trois ans. Comme nous l'avons vu, cela compte *dès* la grossesse. Un enfant a énormément d'intuition et s'il sait qu'on ne le traite pas avec respect, vous pourrez plus tard payer, vous et lui, cette négligence.

— *Profitez de votre enfant*. Ne visez pas la perfection en matière d'éducation. Vous arriverez seulement à rendre tout le monde malheureux. Quoi qu'on en dise, il n'existe pas de méthode idéale pour élever un enfant. Informez-vous en lisant, écoutez les spécialistes et vos amis, c'est important; mais dites-vous bien qu'en dernier ressort, l'expert en la matière, c'est vous. Faites ce que votre partenaire et vous jugez être bon et ignorez le reste.

– *Et la discipline?* Pas assez de discipline est aussi mauvais que trop. Elle doit être modérée, appropriée et logique. Ne punissez pas un enfant pour une chose que vous lui avez laissé faire la veille. Si un comportement ou une activité sont défendus, ils doivent le rester. Ne craignez pas de montrer ce que vous pensez. Si votre enfant vous a mis, ou mise, en colère, faites-le-lui comprendre avec fermeté, mais sans crier. Soyez sûrs aussi que votre colère est justifiée. Ne reportez pas sur lui vos frustrations.

– *N'ayez pas peur des manifestations de tendresse.* C'est une recommandation qui s'adresse surtout aux pères, en particulier à ceux qui ont un fils. Vous n'en ferez pas un garçon efféminé parce que vous l'aurez pris dans vos bras, cajolé ou embrassé.

– *Soyez vous-mêmes.* L'esprit de sacrifice n'a jamais fait de bons parents. Votre vie et votre foyer comptent aussi. Ils ne doivent pas souffrir sous prétexte que vous êtes devenus des parents. D'ailleurs, vous accomplirez plus facilement cette tâche si vous vous sentez comblés et sûrs de vous. Sinon, vous aurez la tentation de vivre par personne interposée, en l'occurrence votre enfant, et c'est à mon sens la plus sûre garantie d'échec.

CHAPITRE 10

A LA RECHERCHE DES SOUVENIRS PERDUS

Selon la médecine traditionnelle, l'enfant, avant l'âge de deux ans, est incapable d'avoir des souvenirs parce que son système nerveux n'est pas encore entièrement myélinisé (la myéline étant une substance molle et grasse entourant la fibre nerveuse) et ne peut, de ce fait, transmettre de message. Or on sait aujourd'hui que c'est inexact. L'absence de myéline ralentit la conduction des impulsions nerveuses, mais ne les empêche pas de passer.

Pour des raisons différentes, la psychiatrie traditionnelle estimait elle aussi qu'avant deux ans, l'enfant était incapable de penser. Elle fondait ses affirmations sur la théorie freudienne selon laquelle c'était seulement avec l'acquisition du langage que l'enfant commençait à utiliser des symboles et à poser les engrammes de la mémoire.

Ces tenants de l'orthodoxie rejetteraient certainement sans appel des témoignages comme ceux qui vont suivre.

Quand je suis née, en décembre 1960, ma mère naturelle m'a abandonnée après m'avoir prénommée Illeen. On m'a ensuite placée dans une famille qui m'a adoptée quand j'ai eu quatre ans.

Mes parents adoptifs changèrent mon prénom et m'appelèrent Cheryl en pensant qu'à cet âge-là, cela n'avait pas d'importance. Le plus étrange, c'est qu'en rentrant un jour du jardin d'enfants, je me suis soudain sentie furieuse contre ma mère, sans raison. Elle m'a demandé ce qui n'allait pas et je lui ai dit au milieu de mes larmes que c'était parce que mon père et elle m'avaient appelée Cheryl. Elle essaya de me consoler et me dit qu'ils trouvaient que c'était un joli nom pour une petite fille, puis elle me demanda comment j'aurais voulu m'appeler. « Illeen! C'est le seul nom que j'aime! » (Elle ne m'avait jamais dit que je m'appelais Illeen.)

Avec mes meilleurs sentiments,
Mme Cheryl Young.

Ou :

D^r. Thos. Verny,
En réponse à votre appel d'aujourd'hui, dans votre émission, je voudrais vous dire que j'ai des souvenirs d'avant la naissance. Je me rappelle une sensation de chaleur et de confort, j'avais l'impression d'entendre des bruits assourdis venant de l'extérieur de ce qui m'entourait et je baignais dans une sorte de brume rouge. Je n'ai pas de souvenir précis de ma naissance (28 août 1913), mais un an plus tard très exactement, je me rappelle m'être trouvé sur le quai de la gare de Creston, en Colombie Britannique (c'est là que je suis né) et avoir vu un train rempli de soldats en train d'agiter des drapeaux, qui

partait pour la côte Est. J'ai une photo (retrouvée récemment) qui le prouve.

Bien à vous,
Ron Gibbs.

Nous savons aujourd'hui qu'à partir du sixième mois avant la naissance et surtout à partir du huitième, les schémas de la mémoire sont en place et qu'ils suivent des modèles reconnaissables. A ce stade, le cerveau de l'enfant et son système nerveux sont suffisamment développés pour que ce soit possible, et le fait que les souvenirs datant de cette période aient une forme et un contour identifiables vient confirmer l'hypothèse qu'à partir du troisième trimestre de la grossesse, le cerveau a déjà un fonctionnement très voisin de celui de l'adulte.

Si nos souvenirs précoces d'événements intra-utérins sont capables de façonner aussi puissamment notre comportement, pourquoi ne nous en rappelons-nous qu'un nombre aussi limité ? Les études récentes ont apporté plusieurs réponses possibles à cette question et il se peut que chaque souvenir isolé, ou plus vraisemblablement associé à d'autres, ait un effet sur la mémoire.

Le fait que nous soyons capables de nous rappeler des événements ou des situations précis ne signifie pas que ces expériences et les sentiments qui les colorent soient irrémédiablement perdus. Même des souvenirs profondément enfouis conservent une résonance émotionnelle. S'ils échappent à la mémoire volontaire, c'est peut-être en raison d'un processus dans lequel intervient un neuropolypeptide appelé ocytocine. Produite en grande quantité par les femmes au moment de l'accouchement, l'ocytocine contrôle le rythme des contractions de l'utérus pendant le travail. Elle est essentiellement un régulateur musculaire, mais d'un type particulier. On a découvert que l'ocytocine produite en grande quantité provoque l'amnésie chez les animaux de laboratoire et que même les mieux entraînés ne sont plus capables d'accomplir les tâches qui leur sont demandées après avoir été soumis à cette hormone. Pourquoi, on ne peut encore le dire avec exactitude, mais nous savons que l'ocytocine libérée par une femme pendant l'accouchement afflue dans la circulation sanguine de son enfant. Si nous sommes tellement rares à pouvoir nous rappeler ce qui s'est passé à notre naissance, c'est peut-être dû en partie au fait que nos souvenirs, comme ceux des animaux de laboratoire, disparaissent en raison de la production accrue d'ocytocine pendant le travail et à la naissance.

Par ailleurs, notre capacité de les retrouver plus tard serait liée à la production naturelle d'une autre substance, l'ACTH ou hormone adréno-corticotropine. Les études ont montré que l'ACTH exerçait un effet inverse de celui de l'ocytocine; elle aide à fixer les souvenirs, ce qui expliquerait pourquoi tant de souvenirs intra-utérins ou de la naissance sont centrés sur des événements perturbants ou traumatisants. Quand une femme enceinte ou en train d'accoucher est tendue, quand elle subit une pression ou quand elle a peur, son corps réagit en libérant les hormones du stress; la substance qui règle alors leur flux est l'ACTH. Le même phénomène se produit chez n'importe quel individu qui a peur ou est anxieux. Mais chez une femme enceinte, ce mécanisme se répercute sur son enfant. Chaque fois que quelque chose effraie la mère, de vastes quantités d'hormones affluent dans la circulation sanguine de l'enfant et aident celui-ci à conserver une image mentale claire et précise du trouble éprouvé par sa mère et de ses effets sur lui. Prenons le cas de Ricky Burke, que nous avons déjà rencontré, et le souvenir si précis qu'il conservait de sa naissance. La nuit où elle se produisit, la mère de Ricky subissait un stress émotionnel considérable : l'enfant était dangereusement prématuré, elle souffrait beaucoup et elle se trouvait dans un service d'urgence. L'ACTH produite par son corps pour remédier à ce stress contribua sans doute à la fixation stupéfiante dans la mémoire de son fils de la prière en latin chuchotée par le prêtre et des jurons des médecins soumis eux aussi à rude épreuve.

Cet épisode contraste fortement avec les circonstances dans lesquelles le souvenir de sa naissance que me rapporta une patiente, dont j'ai déjà parlé, refit surface. Il s'agit de cette femme d'âge moyen qui, au milieu d'une séance épuisante, s'était soudain rappelé avec précision la peur éprouvée par sa mère pendant la naissance. Le fait que sa mère ait été effrayée – c'est-à-dire soumise à un stress – à ce moment critique montre que l'ACTH contribua, là encore, à augmenter l'acuité du souvenir. Cette naissance n'ayant pas présenté de complications particulières, je suppose que ce rappel fut également aidé par un phénomène appelé « l'apprentissage lié à l'état ».

Disons en gros que, dans certains cas, un événement comme une naissance, vécu dans un état d'excitation physique et émotionnelle, devient un des éléments d'un ensemble mental comprenant le souvenir de l'événement lui-même et des émotions et sensations physiques qui y sont attachées. Ainsi, nous serons souvent incapables de nous rappeler l'événement, sauf si d'autres circonstances recréent les impressions qui y sont liées. La puissance de ce phénomène a été prouvée avec succès par les études réalisées en laboratoire. Dans l'une d'elles, les chercheurs utilisaient deux sentiments courants, la peur et la faim, pour déclencher le rappel du souvenir ou le bloquer. On effrayait un groupe d'animaux, puis on leur apprenait un ensemble de tâches précises ; tant qu'ils n'étaient qu'effrayés, ces animaux étaient capables de se rappeler très exactement comment exécuter ces tâches. Toutefois, l'addition d'un deuxième élément − la faim − obscurcissait leurs souvenirs, donc perturbait leur performance. Pourquoi l'addition d'un second élément produit-il la suppression du souvenir, nous l'ignorons. Néanmoins, cette étude fait apparaître que le souvenir d'une chose, d'une personne ou d'un événement est influencé par la présence d'un ensemble mental précis.

Ce phénomène expliquerait facilement pourquoi le souvenir de la naissance rappelé par ma patiente refit brusquement surface pendant cette séance difficile. Dans une psychothérapie intense, le patient est obligé de progresser à travers un véritable champ de mines − celles-ci étant les souvenirs à forte charge émotionnelle − et, au cours de ce trajet périlleux, il peut sans le vouloir faire exploser une de ces mines, comme ce fut le cas pour cette femme. La personne n'a même pas besoin de parler d'un sujet précis pour rappeler spontanément le souvenir qui y est attaché. Il se trouvait, en l'occurrence, que cette femme parlait de son mari quand le souvenir en question lui revint en mémoire. Dans l'apprentissage lié à l'état, ce ne sont pas les circonstances qui comptent, mais l' « ensemble » physiologique ou émotionnel qui est produit. Quelque chose dans notre discussion à propos du mari − quoi ? je n'en ai aucune idée − a recréé l'ensemble des sensations et des émotions qu'avait éprouvées cette femme quand sa mère avait eu peur à sa naissance et déclenché le souvenir de la peur maternelle.

La capacité qu'ont certains agents pharmacologiques de faire apparaître des souvenirs de la naissance serait due à l'apprentissage lié à l'état. C'est ce qu'a prouvé une expérience devenue un classique du genre, au cours de laquelle on injecta un médicament à des animaux de laboratoire avant de leur apprendre à courir dans un labyrinthe compliqué. Chaque fois qu'on administrait ce médicament aux animaux, ils circulaient à travers le labyrinthe comme des voyageurs expérimentés refaisant une route bien connue ; en revanche, dès qu'on changeait le médicament, leur connaissance de la route se fragmentait. Ils pouvaient se rappeler certains itinéraires, mais pas avec une précision suffisante pour retrouver la sortie.

Ces découvertes expliquent, à mon sens, pourquoi un si grand nombre de souvenirs qui refont surface lors des expériences menées sur la mémoire sont liés à la naissance. La plupart des sujets de ces expériences sont nés à une période où l'accouchement se faisait sous médicaments. Les agents administrés dans ce type d'expériences créent un ensemble analogue à celui produit par ces médicaments. Il se peut que certaines de ces substances soient assez voisines des analgésiques et sédatifs utilisés en obstétrique il y a vingt, trente ou quarante ans. Peut-être aussi certaines drogues recréent-elles, physiologiquement ou chimiquement, l'ensemble perçu par l'individu avant ou pendant la naissance, ce qui déclencherait le rappel d'un souvenir précoce.

Peut-être aussi est-ce la raison pour laquelle c'est seulement après avoir absorbé un médicament qu'un de mes patients cités plus haut s'est rappelé le bruit des trompettes de carnaval entendu in utero ; ou un autre patient, l'incident dont avait été victime sa mère enceinte pendant une réception. Par ailleurs, j'ai bien l'impression que dans ce dernier cas, l'ACTH joua sans doute elle aussi un rôle important ; d'abord parce que la situation affrontée ce soir-là par sa mère était profondément perturbante et que de grandes quantités d'ACTH durent être libérées pendant et immédiatement après l'incident ; ensuite, à cause de la précision du souvenir. A mon avis, seul un agent de la mémoire aussi spécifique que l'ACTH était capable de produire des souvenirs intra-utérins d'une telle acuité.

Les psychiatres et les psychologues qui font remonter progressivement leurs patients jusqu'à leur naissance et à la période intra-utérine en utilisant les médicaments, l'hypnose, l'association libre et autres techniques citent parfois des souvenirs qui semblent remonter aussi loin que la conception. Un récit comme celui-ci n'a rien d'inhabituel : « Je suis une sphère, une balle, un ballon, je suis creux, je n'ai ni bras, ni jambes, ni dents, je ne me sens ni devant ni dos, ni haut ni bas. Je flotte, je vole, je tourne. Les sensations affluent de partout. C'est comme si j'étais un œil sphérique. »

Outre ces métaphores pour le moins étonnantes, une telle description manque de logique, en tout cas de celle que nous attendons de nos souvenirs. Mais j'ai personnellement entendu des dizaines de descriptions analogues dans la bouche de mes propres patients ou rapportées par mes collègues, et surtout j'ai remarqué que si l'on observe attentivement ces souvenirs, on s'aperçoit qu'ils correspondent à des événements intervenant dans les premiers stades de la grossesse. Je ne dis pas qu'il s'agit là de souvenirs intra-utérins, je n'en ai pas la confirmation; mais, compte tenu de la logique interne dont ils font souvent preuve, je pense que le sujet vaut la peine d'être exploré.

Si nous sommes incapables de nous rappeler volontairement une chose, cela ne veut pas dire que le souvenir de cette chose n'a pas été fixé. Disons au passage que cette remarque vaut pour une personne sous anesthésie générale. Les individus sensibles à l'hypnose se rappellent très clairement tout ce qui a été dit et fait pendant qu'on les opérait. Pour en revenir à l'étude de la mémoire du nouveau-né, nous pouvons en déduire sans crainte d'erreur qu'à partir du sixième mois après la conception, son système nerveux central est capable de recevoir, de traiter et de coder les messages. La mémoire neurologique est manifestement en place au commencement du septième mois, c'est-à-dire au moment où la plupart des bébés, s'ils naissent prématurés, peuvent survivre en couveuse.

Nous nous trouvons donc ici dans une situation analogue à celle que nous avons rencontrée au chapitre 4, sur l'attachement in utero où nous avons émis l'hypothèse, à la lumière de toutes les observations dont nous disposions, qu'il existait parallèlement aux deux systèmes de communication physiologique, un troisième système, la communication sympathique. Des milliers de gens témoignent par leurs rêves, leurs actes, leurs symptômes psychiatriques, ou encore dans certaines circonstances, que des « souvenirs » intra-utérins précoces sont une réalité et concernent une période considérablement plus ancienne que le dernier tiers de la grossesse.

Les preuves de l'existence d'une mémoire paraneurologique sont trop nombreuses pour que les scientifiques dénués de préjugés et désireux de trouver une explication les ignorent. Le fait que nous possédions une telle faculté est également mis en évidence, et de façon très documentée, par les cas de « mort apparente » (voir à ce sujet les livres et articles de Kübler-Ross et autres), où des personnes déclarées mortes par les médecins reviennent à la vie et racontent en détail tout ce qui s'est passé dans la pièce où elles se trouvaient. Souvent elles savent non seulement ce qui a été dit, mais ce qu'on leur a fait ; elles peuvent décrire l'expression du visage des personnes présentes, les vêtements qu'elles portaient, etc., bref, des détails qu'elles n'auraient pas été en mesure de distinguer même si leurs yeux avaient été ouverts – et ils ne l'étaient pas.

On désignait jadis l'acquisition ou l'expression de ce savoir par le terme générique d' « intuition ». C'est de lui que relève un type d'intuition bien particulier : la communication sympathique qui s'établit entre la mère et l'enfant avant la naissance. Ce concept peut être élargi à la communication entre deux personnes ayant une relation émotionnelle très étroite, des jumeaux par exemple. Étant donné que les messages sympathiques, comme ceux qui circulent dans le système nerveux central (CNS) et dans le système nerveux autonome (ANS), doivent aboutir quelque part et être codés quelque part aussi, mon hypothèse est qu'ils se déposent dans des cellules individuelles ; j'appelle « mémoire organismique » le souvenir ainsi obtenu. Ainsi, même une cellule unique comme un ovule ou un spermatozoïde, pourrait véhiculer des « souvenirs », ce qui fournirait une explication physiologique à l' « inconscient collectif » jungien.

Mon hypothèse est donc la suivante : il existe deux systèmes indépendants, mais complémentaires, au service de nos fonctions mentales. L'un de ces systèmes dépend pour son fonctionnement de la mise en place des réseaux neurologiques parvenus à maturité qui comprennent les CNS-ANS et deviennent opérationnels vers le sixième mois après la conception. L'autre est le système paraneurologique. Nous ignorons encore les lois qui le régissent.

Je dirais que la modalité sympathique est prédominante au début de la vie de l'individu, puisqu'elle se met progressivement en veilleuse. Elle réapparaît en période de stress intense – un être cher en danger, par exemple, ou une mort imminente. Elle peut également se manifester dans des états altérés de conscience provoqués, entre autres, par des drogues et des hallucinogènes, ou encore par l'hypnose ou la psychothérapie. A l'heure actuelle, ce n'est qu'en acceptant ce modèle bipolaire de mémoire, au moins comme hypothèse de travail, que nous pouvons expliquer, me semble-t-il, non seulement les phénomènes que j'ai décrits, mais aussi l'apparition in utero de prédispositions comportementales et de vulnérabilités.

CHAPITRE 11

LA SOCIÉTÉ ET L'ENFANT
AVANT LA NAISSANCE

Lorsqu'il se penchait sur les mystères de la relativité dans son bureau de l'Office fédéral des brevets, Albert Einstein faisait peut-être de la science pure, mais il ne travaillait pas dans le vide. Ses recherches s'inscrivaient dans le cadre bien précis d'une société étroitement structurée et, comme toutes les grandes découvertes scientifiques, elles étaient appelées à avoir de formidables conséquences sociales, éthiques, morales et juridiques pour notre société. Il en va de même de toutes les découvertes des grands savants : elles modifient la société qui leur a donné le jour. Et il ne fait aucun doute que les recherches menées par les hommes et les femmes dont je vous ai parlé dans ce livre auront des répercussions tout aussi considérables.

A cause d'eux et de leurs travaux, l'idée que nous nous faisons du fœtus et du nouveau-né, notre conception des mécanismes qui règlent l'apparition de la vie et du moment où celle-ci se produit, s'en trouveront modifiées. Nous serons tous, médecins, juristes, législateurs ou parents, obligatoirement confrontés à des problèmes moraux et juridiques qui ne peuvent que susciter la controverse. Le premier exemple qui vienne à l'esprit est, bien sûr, celui de l'avortement. Quelle attitude allons-nous adopter compte tenu des découvertes récentes de l'obstétrique? Et les « bébés-éprouvette »? Est-il sage de produire ainsi la vie en laboratoire au vu de ce que nous savons maintenant des besoins émotionnels de l'enfant? J'aimerais examiner dans ce chapitre l'influence qu'exerceront sur nos institutions sociales et sur nos attitudes à l'égard de certains problèmes évoqués ici les théories et les découvertes de la psychologie pré- et périnatale.

L'AVORTEMENT

A strictement parler, les nouvelles découvertes de l'obstétrique et de la psychologie prénatale ne fourniront dans l'immédiat aucun argument supplémentaire à l'un ou l'autre des deux camps qui s'affrontent sur la question de l'avortement. Le débat porte, en effet, essentiellement sur l'interruption de grossesse pratiquée pendant les quatre à huit premières semaines, tandis que la majorité des découvertes récentes concernent le fœtus à partir du sixième mois. On ne saurait pourtant éluder le problème, ne serait-ce qu'en raison de la progression régulière de nos connaissances qui nous rapproche chaque jour un peu plus des origines de la vie.

Il y a dix ou vingt ans, l'idée qu'un fœtus de six mois était doué de conscience aurait paru aberrante. Aujourd'hui, c'est pour beaucoup un fait reconnu. Dans dix ans, à mesure que nos techniques deviendront encore plus élaborées, la ligne de démarcation reculera probablement jusqu'au troisième mois, peut-être même au deuxième. Dans son livre, *Obste-*

trics and Gynecology, un des meilleurs ouvrages de référence en matière d'embryologie et le plus à jour, le Dr Michael Danforth note que « vers la onzième semaine, le corps (de l'embryon) a déjà atteint le stade de la " différenciation " ». Autrement dit, à la fin du deuxième mois, le fœtus est entièrement formé ; ses bras, ses jambes, ses oreilles, son cœur et ses vaisseaux sanguins possèdent, en miniature, la forme qu'ils garderont toute leur vie. Mais, plus capital encore, c'est à cette période qu'apparaissent les premiers signes d'activité cérébrale.

Les ondes cérébrales, produites normalement dès la huitième ou la neuvième semaine (on en a enregistré dès la cinquième semaine), adoptent rapidement, pour reprendre les mots d'un chercheur, un « schéma individuel distinct ». Il en va de même des mouvements du corps qui débutent à peu près à cette période. Les premières manifestations d'activité corporelle – habituellement de légers changements de position – sont perceptibles dès la huitième semaine, mais l'enfant ne commence à réellement bouger qu'à la dixième ou onzième semaine. Par la suite, il maîtrise rapidement une foule de mouvements complexes de plus en plus individualisés ; on a photographié des bébés in utero en train de se gratter le nez, de sucer leur pouce, de lever la tête et de tendre la main. Parce qu'un enfant de dix ou onze semaines non seulement bouge, mais le fait dans un but précis, on peut émettre l'hypothèse que les faibles traces d'EEG – ou ondes cérébrales – détectées au cours du deuxième et du troisième mois indiquent une activité mentale importante.

Si l'enfant était au terme de sa vie et non au début, c'est en tout cas l'interprétation qu'on en donnerait. Comme le fait observer le Dr Bernard Nathanson dans son excellent ouvrage, *Aborting America*, le fœtus répond aux critères de vie définis par l'école de médecine de Harvard. Ce qu'on appelle plus simplement les « Harvard criteria » furent établis à la fin des années 1960 afin d'aider les médecins à redéfinir la démarcation entre la vie et la mort à la lumière des progrès réalisés par la technologie médicale. Les quatre signes permettant de conclure à la mort sont les suivants : absence de réponse aux stimuli externes, absence de réflexes profonds, absence de mouvements spontanés ou d'efforts respiratoires, absence d'activité cérébrale. Ces repères physiologiques constituent la meilleure définition que nous puissions donner de la mort dans l'état actuel des connaissances, puisque le moi ou l'esprit ou l'âme, quel que soit le terme choisi pour définir la vie humaine, se situe très au-delà de tous nos instruments de mesure. Le fait que le fœtus réponde « vivant » aux quatre critères nous amène à reconsidérer notre attitude à l'égard de l'avortement.

Je ne veux pas dire que je suis opposé à l'avortement. L'adoucissement de la législation en la matière, au début des années 1970, fut incontestablement une attitude de sagesse. Je suis convaincu que c'est à la femme de choisir si elle veut avoir ou non un enfant. C'est son corps, c'est son esprit : à elle de décider en dernier ressort de quelle façon ils seront utilisés. Par ailleurs, obliger une future mère à porter jusqu'à terme un enfant contre son gré aura un effet contraire à celui recherché puisque cette expérience a de fortes chances de léser au bout du compte et la mère et l'enfant. La légalisation de l'avortement a eu aussi le grand mérite de sortir cette pratique des arrière-cuisines et de la remettre aux mains de qui de droit, les professionnels de la médecine.

La société et l'enfant avant la naissance

Une chose me trouble pourtant, ce sont les conséquences qu'aura eues l'accès facile à cette procédure sur notre manière de considérer la vie. On peut s'en rendre compte à la quantité d'avortements pratiqués comme mode de contraception. Il s'agit souvent moins de négligence que d'éducation, puisque la plupart des femmes qui y recourent pour interrompre une grossesse non désirée sont très jeunes ou très pauvres, ou les deux. D'abord, une éducation sexuelle complète et mieux conçue dispensée à l'école, à la maison et dans les cliniques pourrait empêcher bon nombre de ces grossesses. Mais parce que ceux et celles qui ont le plus besoin de cette éducation en sont souvent privés, un tiers du million d'avortements pratiqués chaque année aux États-Unis le sont pour des raisons contraceptives. Au Japon, ce chiffre est estimé à cinquante pour cent. D'après plusieurs études récentes, il est encore plus élevé au Canada. Le taux auquel parvenait le Dr Marlene Hunter après avoir étudié les dossiers de plus de six cents femmes ayant réclamé une interruption volontaire de grossesse dans un petit hôpital municipal atteignait soixante-dix pour cent. La psychiatre Eloise Jones obtenait des résultats analogues. Sur les cinq cents femmes qu'elle a examinées, quatre-vingts pour cent n'utilisaient aucun moyen de contraception au moment où elles avaient conçu.

Plus dérangeant encore est le fait que l'avortement puisse être utilisé comme moyen de discrimination sexuelle. Les découvertes technologiques récentes nous permettent aujourd'hui de déterminer le sexe de l'enfant assez tôt pendant la grossesse. D'après les déclarations faites par plusieurs centres médicaux au *Journal of the American Medical Association*, certains couples ont commencé à utiliser ces techniques de pointe pour choisir le sexe de leur enfant (réclamant l'avortement si le fœtus n'était pas du « bon » sexe – habituellement le sexe masculin).

Heureusement ce genre de comportement n'est pas encore passé dans les habitudes. Je sais, par mon expérience de conseiller médical, qu'en général, les femmes ne décident pas à la légère d'avorter; ce n'est qu'après avoir mûrement réfléchi et au prix d'une souffrance profonde qu'elles s'y résolvent. La famille, les amis, les médecins et la communauté doivent faire tout ce qui est en leur pouvoir pour soulager leur angoisse; mais une femme doit aussi avoir pleinement conscience que ce qui est en cause n'est pas un amas inerte de cellules, mais le début de la vie humaine. Les partisans de l'avortement crieront à l'action psychologique et estimeront une telle mise en garde malhonnête. Mais malhonnête pour qui? Si une femme doit subir une opération mettant sa vie en danger, elle doit être pleinement informée des risques de l'intervention. Pendant plus de dix ans, les malades se sont battus pour obtenir ce droit à l'information. Pourquoi ne s'appliquerait-il pas à l'avortement? Si un médecin peut consacrer plusieurs minutes à expliquer comment il envisage d'enlever un organe superflu, l'appendice par exemple, ne doit-il pas – ne devons-nous pas – accorder autant de temps à une décision de cet ordre?

Cela ne signifie pas non plus qu'on n'ait pas des raisons légitimes de vouloir avorter. Ni que seules les femmes doivent endosser l'entière responsabilité des abus en la matière. Les hommes ne se soucient guère de l'avortement et s'estiment rarement responsables, quant à eux, du résultat de leur activité sexuelle. Il est entendu que c'est à la femme de prendre en charge la contraception et, au besoin, l'avortement. C'est seulement quand l'homme est aussi le mari ou qu'il a une relation profonde avec la femme, qu'il accepte de jouer un rôle actif dans la prise de décision. Or cela ne suffit pas.

Les divers mouvements pour ou contre l'avortement offrent des structures d'accueil et de conseil aux femmes qui doivent prendre seules leur décision; mais trop souvent ces services cherchent davantage à faire de nouvelles converties qu'à donner un avis objectif. Pour rétablir l'équilibre, une femme devrait consulter les défenseurs des deux points de vue avant de se décider. Dans l'idéal, c'est auprès d'un médecin de famille, d'un obstétricien, d'un psychiatre ou d'une sage-femme sensibles et compréhensifs qu'elle devrait trouver le maximum d'appui et d'aide. Mais comme vous le savez, ce sont des perles rares. Une fois qu'elle est réellement décidée à avorter, la femme doit être certaine d'une chose : cette intervention n'entraînera aucune complication majeure sur le plan physique et émotionnel. Une étude américaine récente relevait qu'un avortement sur mille seulement s'accompagnait de graves perturbations émotionnelles. Les conclusions de chercheurs anglais donnent un chiffre encore plus bas; d'après leurs observations, la fréquence du syndrome de « psychose post-abortive » dans les avortements légaux serait de 0,3 pour mille. Ce chiffre est non seulement extraordinairement bas en soi, mais aussi très inférieur à celui des psychoses « post partum », qui est de 1,7 pour mille naissances.

DES BÉBÉS À LA CHAÎNE

Depuis peu, les couples n'ayant pas d'enfant du fait de la stérilité de la femme peuvent opter pour l'insémination artificielle d'une mère de remplacement. Pour vingt mille dollars, soit un peu plus de cent mille de nos francs actuels, le Dr Richard Levin, qui dirige la Louisville's Surrogate Parenting Association, fera en sorte qu'une femme fécondée par le mari (par transfert de sperme) porte l'enfant à terme et le cède par écrit au couple à la naissance. Le premier enfant résultant de cette procédure est né en novembre 1980 et il ne fait aucun doute que beaucoup d'autres suivront au cours de ces prochaines années.

Sur le plan médical, tous les problèmes sont résolus ; le transfert de sperme est une technique simple, peu coûteuse et sûre. Mais sur le plan juridique, cette nouveauté soulève plusieurs points épineux. D'abord et avant tout, à qui appartient l'enfant : au couple ou au mari et à la mère de remplacement ? Aux termes du contrat passé à l'heure actuelle entre les intéressés, l'enfant est remis au couple qui l'adopte, mais beaucoup de juristes estiment qu'en cas de contestation, les tribunaux ne retireraient pas un enfant à sa mère naturelle, quoi que puisse stipuler le contrat. Angela Holder, qui dirige à l'université de Yale le cours de droit, science et médecine, déclare qu' « aucun tribunal aux États-Unis ne retiendrait un tel contrat si la mère naturelle voulait garder l'enfant ». George Annas, professeur de droit et médecine à l'université de Boston, est certain lui aussi qu'un couple qui déciderait de ne pas accepter le bébé pour des raisons de malformation, d'arriération mentale ou autre pourrait dénoncer le contrat avec la même facilité.

Et même en admettant que la situation juridique soit claire, est-il sage de recourir à une mère de remplacement pour porter l'enfant ? D'accord, cette procédure donne au couple un nouveau-né qui est, biologiquement parlant, leur enfant au moins pour moitié, et je comprends que certains couples puissent préférer cette solution à l'adoption pure et simple. Il me paraît néanmoins indispensable d'explorer un tant soit peu les motivations de la femme qui accepte d'être mère le temps d'une grossesse. Le fait-elle parce qu'elle aime être enceinte, ou pour l'argent? Je crois que dans la grande majorité des cas, la seconde hypothèse est la plus courante. La mère de remplacement va automatiquement opérer un blocage affectif pour ne pas s'attacher à l'enfant qu'elle porte. Autrement, il lui serait trop pénible de l'abandonner à la naissance. Quels sacrifices une telle mère sera-t-elle disposée à faire pour cet enfant? Arrêtera-t-elle de fumer et de boire? Surveillera-t-elle son alimentation? Une fois que le travail aura commencé, choisira-t-elle un accouchement naturel mais peut-être un peu plus douloureux, ou préférera-t-elle la voie plus aisée des analgésiques et anesthésiques sans se soucier de leurs effets sur l'enfant? Enfin, compte tenu des circonstances, s'autorisera-t-elle à aimer et à respecter cette vie présente en elle?

Les partisans de cette solution m'objecteront certainement qu'un examen approfondi et une surveillance attentive de la mère de remplacement peuvent éliminer ces risques. C'est possible, mais tant qu'on ne l'aura pas scientifiquement prouvé, j'estime que le recours à cette pratique exige certaines garanties.

Un second phénomène récent soulève des problèmes analogues; ce sont les « bébés-éprouvette ». Louise Brown fut le premier enfant à commencer ainsi sa vie, avec l'aide du Dr Patrick C. Steptoe et du Dr Robert Edwards ainsi que de leurs collègues de l'université de Londres. Bien que la naissance de

Louise remonte à quelques années seulement, les progrès dans ce domaine ont été si rapides qu'on peut s'attendre à des milliers de « bébés-éprouvette » pour la fin des années 1980. Sur le plan médical, la procédure est simple. On prélève par voie chirurgicale sur la mère un ovule qui est ensuite fécondé en éprouvette par les spermatozoïdes du père, puis réimplanté dans la future mère. Moyennant quoi, l'enfant se développe dans un milieu utérin normal, ce qui fait, semble-t-il, de cette technique la solution idéale à l'une des principales causes de stérilité chez les femmes (une maladie ou une malformation des trompes). La femme est non seulement fécondée par son mari, mais elle est aussi capable de porter cet enfant à terme. En retour, le bébé se développe dans l'utérus d'une mère chaleureuse et aimante qui, compte tenu de son passé gynécologique, fera vraisemblablement tout pour assurer son bien-être.

Si louable que soit cette technique, elle me trouble pourtant profondément. Fabriquer ainsi la vie constitue une énorme ingérence dans les processus de la nature et, même si notre expérience passée peut nous servir, il n'en demeure pas moins que des risques dont nous ne soupçonnons même pas l'existence et que nous ne pouvons donc prévenir, nous guettent. Ils sont souvent moins dus à cette ingérence proprement dite, qu'à l'utilisation qu'on en fera. Compte tenu du goût de la médecine pour le bricolage mécanique et biologique, serons-nous capables de résister à la tentation de recourir massivement à cette technique ? Le dossier du monitoring fœtal est peu encourageant à cet égard. L'extension à toutes les naissances d'une surveillance électronique conçue pour les nouveau-nés à hauts risques a eu pour résultat l'élévation brutale du nombre des césariennes. L'utilisation de l'accouchement déclenché, du forceps et des couveuses s'est aussi inutilement multipliée. La production de « bébés-éprouvette » peut suivre la même courbe. Et parce qu'elle représente, comme je l'ai dit, une énorme ingérence de l'homme dans les processus de la nature, elle peut faire d'autant plus de dégâts. Comment savoir, par exemple, si les gènes dont est porteur l'ovule ainsi manipulé ne seront pas irrémédiablement endommagés pendant le transfert? Tant que nous n'avons pas une idée aussi précise des risques présentés par cette procédure que de ses avantages, nous devons l'utiliser à une échelle réduite.

L'OBSTÉTRIQUE

Il n'y a pas longtemps, le Dr John B. Franklin, directeur médical du Booth Maternity Center de Philadelphie, disait des soins et de la surveillance de la femme enceinte en bonne santé qu'ils constituaient « le grand champ de bataille » de l'obstétrique actuelle. « La traitons-nous comme une malade devant prouver qu'elle est en bonne santé, demandait-il, ou comme une personne en bonne santé devant prouver qu'elle est malade? » Comme je l'ai souligné plus haut, des milliers de femmes et de bébés en parfaite santé ont couru des risques inutiles en raison d'une telle attitude. Les femmes admises en service d'obstétrique n'ont pas toutes besoin de médicaments, de monitoring ni d'intervention chirurgicale, et je pense qu'un nombre croissant de médecins accoucheurs ont fini par le comprendre. Rappelés doucement à la réalité par leurs patientes et par leur propre intuition de ce qui est médicalement défendable, beaucoup ont amorcé une désescalade technologique, réservant le recours à ces techniques pour les cas où elles sont réellement indispensables. On observe dans les grands centres métropolitains le sentiment croissant que quelque chose est actuellement en train de changer dans cette spécialité. Ce phénomène est manifeste dans le langage tenu par les obstétriciens et dans leur attitude positive à l'égard de l'accouchement naturel, du travail d'équipe avec les sages-femmes et des accouchements pratiqués dans des centres spécialisés et hors du contexte hospitalier.

Si encourageant que soit ce revirement, il est encore insuffisant. Si nous voulons vraiment que la grossesse et la naissance s'effectuent dans les meilleures conditions, il nous faut une qualité de surveillance prénatale qui mette en valeur leur dignité et leur composante essentiellement humaine, qui accorde autant d'importance aux besoins psychologiques de la femme qu'à ses besoins physiques, et qui lui permette ainsi qu'aux siens de prendre part à toutes les décisions. D'une façon plus précise, il nous faut une structure d'accueil et de conseils aux mères qui tienne compte de tous les aspects de la grossesse et de l'accouchement (les services étant de préférence regroupés dans un même endroit, un centre médical ou une clinique spécialisée, par exemple) et qui réponde à tous les besoins de la femme enceinte. Dans la vaste gamme de services mis ainsi à sa disposition sur le plan médical, psychologique et social, celle-ci devrait pouvoir trouver :

– *Un conseiller familial.* Ce spécialiste, médecin ou sage-femme, expérimenté et compréhensif, aiderait la femme à organiser sa grossesse et à définir comment elle prévoit d'accoucher. Il ou elle la dirigerait au besoin sur les spécialistes ou les institutions fournissant le type de soins qu'elle désire.

– *Des services médicaux.* Ces centres dispenseraient les soins de routine – examens systématiques et tests de laboratoire – pendant la grossesse; ils seraient équipés d'un service spécial pour les mères à hauts risques et mettraient à la disposition des couples des conseillers génétiques.

– *Une préparation à la naissance.* Celle-ci consisterait en une information sexuelle, une initiation à la diététique ainsi qu'à la physiologie de la naissance, et l'apprentissage de techniques de respiration et de relaxation.

– *Une assistance psychologique.* Ce « service parapluie » offrirait une possibilité de psychothérapie aux femmes perturbées par un problème particulier, comme les mères célibataires, ou encore aux couples se faisant mal à la perspective de devenir parents. Mais surtout, il s'articulerait essentiellement autour de l'examen psychologique que devraient passer *toutes* les femmes enceintes. Déjà utilisés avec un succès considérable en Suède, en Allemagne de l'Ouest et dans d'autres pays européens pour détecter les femmes à hauts risques, ces tests comportent des questions destinées à faire apparaître les zones de vulnérabilité émotionnelle, comme la relation de la femme avec sa mère, son image d'elle-même, ses sentiments et ses peurs à l'égard de l'accouchement, sa relation avec son mari et son père, son passé psychiatrique.

La valeur inestimable de ces questionnaires tient au fait qu'ils jouent le rôle d'un système d'alarme devançant l'alerte en quelque sorte ; si la future mère doit résoudre un problème quelconque, elle a encore largement le temps de le faire. Normalement, la nature des mesures pouvant être envisagées sera déterminée par les points de vulnérabilité émotionnelle de la femme, mais il s'agira presque toujours d'une psychothérapie d'un type ou d'un autre. Cela peut aller d'entretiens avec un conseiller conjugal si la relation de la femme avec son mari est en cause, à la thérapie de groupe suivie avec d'autres futures mères si les peurs sont centrées sur la grossesse.

Ces tests présentent aussi un avantage moins visible : ils encourageront obstétriciens et psychiatres à travailler en liaison plus étroite, ce dont ils auront tout à gagner ainsi que les mères et leur enfant.

Psychiatrie

Pour le moment, obstétriciens et psychiatres, s'ils appartiennent à une même famille, se comportent en cousins éloignés. Ils ont des contacts polis, mais peu fréquents et essentiellement limités à un échange d'informations quand ils ont une patiente en commun. Le fait qu'ils puissent partager des intérêts et un savoir-faire se rejoignant dans une même expérience de la vie humaine semble avoir été négligé par la plupart des représentants de l'une et l'autre spécialités. Les obstétriciens se sont contentés de travailler de leur côté de la barrière sans réclamer l'aide de personne; le psychiatre, lui, une fois son internat terminé, ne remet les pieds dans un service d'obstétrique qu'à l'occasion de la naissance de ses propres enfants ou quand il a à soigner une patiente souffrant de dépression postpartum. Il faut que ces attitudes changent, et si le premier pas consiste à sensibiliser l'obstétrique à la psychologie, le second serait d'aviver l'intérêt porté par la psychiatrie à l'obstétrique.

Feuilletez au hasard n'importe quelle revue psychiatrique. Vous y trouverez des articles sur les nouveaux tranquillisants, antidépresseurs, traitements par électrochoc et thérapies comportementales des schizophrènes; mais il est rare qu'un auteur, homme ou femme, se penche sur le stress provoqué par la grossesse et l'anxiété, et jamais on ne vous parlera du psychisme de l'enfant avant la naissance. Pourtant, des milliers de femmes et d'enfants tireraient profit d'une psychiatrie qui s'intéresserait activement aux problèmes émotionnels liés à l'obstétrique. L'attention des « experts » et les travaux des chercheurs devraient s'attacher, par exemple, à la femme enceinte à hauts risques. Cette femme, nous l'avons déjà rencontrée sous trois aspects : celle qui s'inquiète excessivement de son image corporelle, celle qui a une mauvaise relation avec sa mère, et celle qui est en conflit avec son mari. Elle se manifestera sans doute sous d'autres aspects. Une candidate logique à l'examen psychologique est la femme enceinte soutien de famille. Ou encore celle qu'aura déracinée un déménagement pendant la grossesse. Toutes les études montrent que l'attitude de la femme à l'égard de la naissance détermine la façon dont elle accouche, mais nous manquons de preuves cliniques solides et en quantité suffisante pour confirmer ces observations.

La psychiatrie doit aussi pouvoir proposer à la femme enceinte une thérapie de courte durée centrée sur la résolution d'un problème précis. Une femme qui a vu son corps changer, qui s'inquiète des résultats de ces changements sur les sentiments de son mari, qui rêve qu'elle mettra au monde un enfant malformé ou anormal ou qui se demande si elle sera une bonne mère subit un stress lié à la grossesse. Ces anxiétés sont normales, souvent inoffensives, mais elles risquent de déséquilibrer certaines femmes. Ces futures mères ne sont pas forcément plus faibles que d'autres et ne doivent pas se juger en tant que telles. D'après ce que m'a appris ma propre expérience, leurs difficultés sont le plus souvent provoquées par un manque de soutien, qu'il s'agisse du mari, des amies ou de la famille, et par le fait qu'elles ne peuvent faire part à personne de leur angoisse. Les peurs inexprimées ne font que s'amplifier à mesure que le temps passe. Souvent, il suffit à ces femmes de pouvoir parler. Quelques séances avec une personne spécialisée qui les écoutera avec sympathie et les conseillera suffisent d'habitude pour résoudre ces difficultés. Les pressions de la grossesse peuvent profondément perturber les futurs pères et un grand nombre d'entre eux seront aidés par quelques entretiens avec le spécialiste.

Certes, il arrive, mais rarement et par hasard, qu'un obstétricien éclairé remarque les difficultés avec lesquelles lutte une de ses patientes et lui conseille un examen psychologique ; ou bien qu'un psychiatre constate qu'une de ses patientes en traitement se fait mal à sa grossesse et la questionne. Mais ce que je propose ici est beaucoup plus ambitieux, à savoir la mise en place d'un système structuré à l'intérieur duquel les obstétriciens travailleraient de concert, si besoin est, avec les psychiatres comme il le font déjà avec les pédiatres, ainsi que la création d'un cours de surveillance psychiatrique dont le programme porterait plus spécialement sur la femme enceinte et ses problèmes.

Cette suggestion, comme toutes celles que j'ai faites au cours de ce livre, ne pose pas de difficultés d'application. Mais si nous voulons que la psychiatrie réponde réellement et de façon efficace aux besoins des femmes enceintes, les découvertes de la psychologie prénatale et de l'obstétrique devront également être intégrées au traitement des troubles émotionnels de l'enfant et de l'adulte, ce qui exigera de la part des psychiatres une révision fondamentale et peut-être douloureuse.

Toutefois, l'enquête que j'ai personnellement menée auprès de mes collègues de l'Ontario Research Association montre qu'ils sont étonnamment réceptifs aux idées les plus avancées de ce livre, ce qui ne manque pas d'être encourageant. Est-ce dû à la connaissance qu'ils ont pu avoir dans la pratique de souvenirs intra-utérins ou liés à la naissance, ou au fait qu'ils sont déjà familiarisés avec les découvertes récentes? Je l'ignore, mais plus de la moitié de ceux que j'ai interrogés avaient le sentiment que la naissance influence la personnalité, les trois quarts étaient persuadés que les souvenirs commencent à se former avant l'âge de deux ans, et un grand nombre faisaient remonter ce moment avant la naissance. Cette dernière observation montre que les découvertes de la psychologie prénatale sont parvenues jusqu'à mes confrères. On s'étonnera peut-être que beaucoup avouent aussi ne pas encore avoir matérialisé cette prise de conscience dans l'exercice de leur spécialité. Cela vient en partie du fait qu'on modifie difficilement de vieilles habitudes et en partie de problèmes techniques. Il se produit toujours un certain décalage entre le moment de la découverte et celui où on a trouvé comment l'inclure dans un mode de thérapie qui tienne compte des réalités.

Dans le cas de la psychologie prénatale, ce processus démarre à peine, mais les quelques innovations auxquelles il a donné naissance s'annoncent déjà pleines de promesses. L'une d'elles, notamment, a pour cadre le charmant village de Cagnes-sur-Mer, à quelques kilomètres de Nice. C'est là que des enfants perturbés arrivent des quatre coins de l'Europe pour se faire soigner dans une clinique d'un style inhabituel créée par l'oto-laryngologiste Alfred Tomatis.*

C'est une spécialité assez inhabituelle pour un homme profondément intéressé par la naissance. Mais ce sont les travaux du Dr Tomatis sur les problèmes de l'audition et du langage chez les enfants perturbés qui ont été à l'origine de cet intérêt. Observant deux de ses jeunes patients, le Dr Tomatis est parvenu à deux conclusions importantes. D'abord, l'audition et les émotions sont situées dans la même zone du cerveau; ensuite, compte tenu de cette proximité, les troubles de l'audition reflètent souvent des difficultés émotionnelles produites par des traumas datant de la grossesse ou de la naissance. Pour pouvoir traiter efficacement les premiers, concluait-il, il est nécessaire de soigner les seconds; ce qui le conduisit à créer une clinique à Paris ainsi que plusieurs autres en Europe et au Canada. L'âge des patients accueillis par ces établissements va d'un à douze ans et ces enfants présentent une diversité de troubles émotionnels; une même particularité les rapproche cependant : ils ont souffert de grossesses traumatisantes ou d'accouchements prématurés.

Quand je visitai le centre de Cagnes-sur-Mer en 1980, je fus frappé de voir avec quel soin le personnel

---

* Le Dr Tomatis soigne aussi les adultes dans son centre parisien.

de la clinique avait recréé l'univers intra-utérin et celui de la naissance. L'élément central du traitement consiste en une petite pièce en forme d'œuf où chaque enfant est conduit pour des séances de « re-naissance » ou de « re-création de la relation avec les parents ». Tout, dans cet espace unique en son genre, a pour objet de reproduire l'atmosphère chaleureuse et rassurante de l'utérus. Avant d'y entrer, l'enfant est massé avec de l'huile de coco et, une fois dans la pièce, on le fait asseoir dans un bain dont l'eau est à la même température que le liquide amniotique. La pièce est éclairée aux rayons ultra-violets dont la lumière imite celle que perçoit l'enfant quand sa mère se dore au soleil (et qui peut être adaptée à ses problèmes particuliers, un bleu tranquille s'il est hyperactif, un rouge excitant s'il est apathique).

Le bruit joue un rôle important dans ces séances. L'enregistrement de la voix de la mère, qui est diffusé dans la pièce pendant chaque séance, est d'abord déformé de façon à imiter le bruit que fait la voix quand on la perçoit de l'utérus. Mais à mesure que le traitement progresse, la déformation est peu à peu réduite jusqu'à ce que l'enfant entende la voix normale de sa mère. Aussitôt après la séance, l'enfant est emmené dans la salle de jeu de la clinique, qui domine un beau jardin; là, on lui demande de s'amuser, de peindre ou de faire du modelage, ceci pour l'aider à revivre et à exprimer des traumas anciens.

La directrice de la clinique, la psychologue d'enfants Anne-Marie Saurel, m'a dit que soixante-dix pour cent de ses jeunes patients quittent la clinique guéris ou en meilleure condition. Elle me citait l'exemple d'un enfant de seize mois prénommé Claude; il était arrivé avec un blocage de la tête qui l'obligeait à la tenir penchée en permanence sur son épaule gauche, et les mouvements de son bras gauche étaient si limités qu'il pouvait à peine marcher à quatre pattes. Il refusait tout contact corporel avec sa mère et celle-ci souffrait autant de ce rejet que du handicap physique de son enfant. Un examen attentif du dossier de Claude révéla qu'au huitième mois de la grossesse, la mère avait eu une amniocentèse. Au cours de la procédure, l'aiguille rencontra malencontreusement le côté gauche du cou de l'enfant, d'où le recroquevillement protecteur qu'il avait adopté et sa méfiance profonde à l'égard de sa mère. Au bout de six mois de traitement à la clinique, l'enfant était entièrement guéri. C'est la seule forme de traitement utilisant des méthodes non verbales capable de venir en aide à des enfants souffrant de problèmes psychologiques, ce qui, à mon sens, constitue un progrès unique sur les thérapeutiques traditionnelles.

Les bacs à immersion pour adultes, depuis peu en vogue dans certaines parties des États-Unis, ne ressemblent que superficiellement au bain de « renaissance » du Dr Tomatis. Remplis d'eau tiède à laquelle on a ajouté des sels d'Epsom, ces bacs sont censés recréer le milieu utérin pour des clients ayant payé quinze dollars et plus (quatre-vingts francs) le privilège d'y flotter pendant une heure. Je ne doute pas qu'on s'y détende avec plaisir. Mais leur ressemblance avec une technique médicale reconnue est purement accidentelle.

La pédiatrie

Sur le plan de la technologie, la pédiatrie comme l'obstétrique a parcouru des années-lumière depuis ces dernières décennies. Cette technologie sauve aujourd'hui des prématurés et des nourrissons malades qu'on aurait jugés perdus il y a seulement quelques années. En même temps, elle pose aux pédiatres un dilemme aussi pénible, par bien des aspects, que celui auquel se heurtent les obstétriciens. L'apparition de centres de soins intensifs néonatals s'est accompagnée de risques spécifiques. Les études montrent en effet qu'un bébé soumis à l'isolement a tendance à se développer plus lentement et à être plus léthargique, mais ce ne sont que des risques minimes si on les compare à l'aliénation dont est parfois responsable une séparation forcée, chez les parents comme chez les enfants. Comme je l'ai souligné plus haut, la perturbation du processus d'attachement peut influencer l'attitude d'une femme à l'égard de son enfant et l'isolement dans un service de réanimation constitue une ingérence de taille entre la mère et l'enfant. Rien d'étonnant, alors, que le nombre d'enfants maltraités et, selon des données récentes fournies par des chercheurs soviétiques, le taux d'enfants abandonnés soient considérablement plus élevés chez les prématurés que chez les enfants nés à terme.

Puisque ces problèmes ont visiblement leur origine dans la séparation imposée à la mère et à l'enfant quand celui-ci est confié à un centre de soins intensifs, la solution la plus évidente consiste à ouvrir ces centres aux parents pour qu'ils puissent rendre régulièrement visite à leur enfant. Toutes les observations confirment qu'une amélioration sensible est alors enregistrée chez les mères comme chez les bébés. Une étude récente, mentionnée plus haut, a même montré que les prématurés régulièrement visités et touchés, possédaient un quotient intellectuel nettement plus élevé que ceux laissés dans un isolement total. En outre, rien ne justifie cet isolement sur un plan strictement médical. Quand les parents eurent accès au centre de soins intensifs de Stanford, les pédiatres s'attendaient à une augmentation du taux de maladies infectieuses dans le service; ils se trompaient. En fait, selon les chercheurs qui étudiaient les résultats d'une libéralisation de l'admission des visiteurs, les personnes qui respectaient le plus scrupuleusement les normes d'hygiène étaient les mères des nouveau-nés, ce qui est compréhensible puisque c'était leur enfant qui courait un danger.

Les professionnels de la santé qui dirigent ces services sont encore trop nombreux à donner la priorité à une administration efficace au détriment de la santé émotionnelle de leurs patients. D'après une étude récente réalisée aux États-Unis, un tiers seulement des centres de soins intensifs acceptent les parents. L'enfant d'une jeune mère dont j'ai entendu parler récemment n'était malheureusement pas dans un de ces services accueillants. Grand prématuré, il fut placé d'urgence dans un de ces centres où il demeura isolé pendant plusieurs semaines, oscillant entre la vie et la mort. Pendant la plus grande partie de ce temps, la mère attendait calmement dans la pièce réservée aux visiteurs. Quand elle put enfin ramener son enfant chez elle, il lui fallut des semaines pour apprendre à le traiter comme un bébé « normal ». Cela ne doit plus exister. Les parents ont le droit de participer aux soins donnés à leur enfant prématuré et doivent insister pour qu'on le leur reconnaisse, même si le bébé a été confié à un centre de soins intensifs. On peut néanmoins espérer que le mouvement amorcé en vue d'une plus grande participation des mères aux soins, même quand le bébé est en couveuse ou sous ventilation artificielle, bénéficiera de l'appui des pédiatres, des spécialistes de la médecine néonatale et du personnel appelé à s'occuper des prématurés.

Quoi qu'il en soit, la future mère ne doit pas oublier qu'elle peut avoir besoin d'une césarienne et/ou avoir un enfant prématuré. Aussi, quand elle aura réglé les modalités de son accouchement, sa démarche consistera à s'assurer que le centre de soins intensifs auquel son bébé sera confié le cas échéant adopte une attitude libérale à l'égard des visites des parents et de la formation de l'attachement avec l'enfant. Si elle n'a pas pris cette précaution avant l'accouchement, la mère risque plus tard de ne pas avoir accès auprès de son enfant prématuré. Ce que je viens de dire au sujet des prématurés est également vrai lorsque le bébé est malade; aucun effort ne doit être épargné afin d'offrir aux deux parents la possibilité d'avoir un contact avec l'enfant malade afin que l'attachement puisse se mettre en place et progresser, ce qui répondra à ses besoins physiques et émotionnels comme à ceux de ses parents.

D'après le professeur Justin C. Call, chef du département de psychiatrie de nourrissons, d'enfants et d'adolescents de l'université de Californie, à Irvine, un bébé âgé de six mois peut faire une véritable dépression à la suite d'une perte importante, par exemple une séparation brutale avec sa mère; j'en suis également convaincu. Le nourrisson exprimera cette dépression par des troubles du sommeil, des désordres gastro-intestinaux comme le refus de s'alimenter, les vomissements et la diarrhée, et par un repli sur soi. J'espère que les pédiatres et les psychiatres d'enfants seront de plus en plus nombreux à reconnaître dans ces symptômes les signes d'un problème émotionnel et qu'ils soigneront l'enfant en conséquence.

Certaines difficultés comportementales sont prévisibles avant la naissance et se manifestent parfois aussitôt après celle-ci, notamment chez les bébés de mères alcooliques ou droguées. De même, les bébés dont les mères ont subi un stress important, comme je l'ai déjà indiqué dans les chapitres précédents, doivent faire l'objet d'une surveillance attentive au début de la période suivant l'accouchement. Tout bébé qui refuse d'être pris dans les bras, qui pleure constamment ou qui ne grossit pas peut exprimer ainsi sa détresse émotionnelle.

L'hyperactivité d'un enfant commence souvent in utero et on entend des mères dire de leur enfant qu'il était « un vrai derviche tourneur » avant la naissance et ne leur laissait jamais une minute de répit. « Si ce schéma d'activité n'est pas identifié et traité, déclare le Dr Reginald S. Lourie, président de l'école de Médecine d'Irvine, l'enfant et les parents souffrent. Un nourrisson qui ne peut freiner son activité motrice se sent impuissant et incapable de maîtriser la situation. De leur côté, les parents s'affolent parce qu'ils ne réussissent pas à le calmer. » Au lieu d'administrer des tranquillisants à la mère et à l'enfant, les médecins doivent *parler* avec la mère afin de l'aider à comprendre les besoins propres à ce type d'enfant et à y répondre, tout en lui expliquant qu'il ne s'agit là que d'un trouble passager dont on peut venir à bout.

Je citais au commencement de ce livre les effets sur les nouveau-nés d'une nursery de la diffusion d'une bande enregistrée qui reproduisait les battements du cœur maternel. Comme vous vous le rappelez, le groupe de nouveau-nés exposés à ce bruit grossissaient plus et dormaient davantage (les deux étant liés) que le groupe témoin. Pourquoi ne pas généraliser l'adoption d'une procédure aussi simple?

Le Dr Michele Clements, du City of London Maternity Hospital, évoquait le cas d'un bébé qui, après une naissance difficile et malgré toutes les tentatives de réanimation classiques, ne respirait toujours pas. En désespoir de cause, elle brancha sa « musique intra-utérine » qui se trouvait à proximité ; le bébé ouvrit miraculeusement la bouche et commença à respirer.

La même bande, commercialisée par un chercheur japonais, est également utilisée par le Dr Clements pour tester les facultés auditives du nouveau-né. Compte tenu de ce que nous savons de l'importance de l'attachement et du rôle joué par la voix de la mère dans ce processus, il est de toute évidence essentiel pour le bien-être de l'enfant de dépister d'éventuels troubles de l'audition. Il en va de même des déficiences visuelles. Aujourd'hui, on ne pratique d'examen approfondi de l'audition et de la vue que si des problèmes sérieux apparaissent vers dix-huit mois ou plus tard. Bien qu'il ne s'agisse pas à proprement parler de troubles psychologiques, ces difficultés peuvent avoir des répercussions sur la façon dont l'enfant perçoit le monde qui l'entoure et y réagit ; à cela s'ajoutent toutes les modifications négatives que cette attitude entraîne dans le comportement des parents et de ceux qui s'occupent de l'enfant. Si le bébé ne vous regarde pas ou ne se tourne pas quand vous lui parlez, vous le trouverez bizarre, renfermé, difficile, etc. et vous commencerez à le traiter en conséquence. Au bout d'un certain temps, c'est en effet ce qu'il sera devenu ; ce qui était simplement un problème physique au départ se transformera vite en trouble émotionnel. D'où la nécessité d'une étroite collaboration entre pédiatres, psychiatres d'enfants, spécialistes de l'audition et parents attentifs. Si vous, parents, avez l'impression que votre enfant a le moindre problème, parlez-en à votre médecin. Je connais tant de mères et de pères qui craignent de « déranger » le médecin avec des « peurs imaginaires ». Eh bien, dérangez-le. C'est son travail et il est payé pour cela. Quand la santé de votre enfant est en jeu, oubliez toute réserve et n'hésitez pas à remuer ciel et terre.

La grossesse et le travail

Travailler dans une usine ou un bureau est devenu une réalité pour des millions de femmes, mais à la différence de leurs collègues masculins, elles sont souvent obligées de composer avec les exigences de la grossesse et de la maternité. Tandis que la majorité des femmes s'accommodent de cette double responsabilité avec une aisance remarquable, ce que nous savons aujourd'hui de la sensibilité et des capacités de l'enfant avant la naissance ajoute une nouvelle dimension à ces responsabilités. Les trois derniers mois de la grossesse et la première année qui suit la naissance constituent une période extrêmement critique pour l'enfant, donc particulièrement astreignante pour la mère. A mesure que se forment les impératifs psychologiques et émotionnels qui régleront sa vie, il a besoin de l'attention de sa mère, de ses encouragements et de sa chaleur affective. La meilleure façon de les lui apporter est de donner à la mère un congé de maternité qui couvre le troisième trimestre de la grossesse (une femme travaillant dans une atmosphère bruyante ou survoltée doit se mettre en congé dès le deuxième trimestre) et la première année après la naissance. Je sais que c'est long et que beaucoup de femmes, pour des raisons matérielles ou autres, ne peuvent se le permettre. Dans ce cas, tout doit être fait pour récupérer en qualité ce qui est perdu en quantité ; des nuits et des week-ends judicieusement utilisés peuvent faire beaucoup pour satisfaire les besoins de l'enfant. Les pères sont aussi de plus en plus nombreux à prendre des congés pendant la première année de la vie de leur enfant. C'est une tendance qui, à la lumière de ce que nous avons dit jusqu'ici, doit s'accentuer.

Notre souci primordial, à nous tous parents, médecins, éducateurs, doit être d'élever un enfant en bonne santé. C'est lui qui porte nos espoirs, nos rêves, notre sagesse ; il est notre avenir, et si nous voulons que cet avenir ne soit pas entaché des horreurs et des souffrances inutiles qui ont si souvent gâté notre passé, cet enfant doit être traité avec l'amour et le respect que mérite tout être humain.

REMERCIEMENTS

Il faudrait tout un livre pour remercier les chercheurs qui, par leurs idées et leurs travaux, ont contribué à la réalisation de cet ouvrage. Mais je tiens à exprimer plus particulièrement ma gratitude à plusieurs d'entre eux qui m'ont dispensé sans compter leur temps et leur savoir : au Dr Peter Fedor-Freyberg, professeur d'obstétrique et de gynécologie de l'université d'Uppsala (Suède); au Dr Alfred Tomatis, professeur de psycholinguistique à l'École des psychologues praticiens de l'Institut catholique de Paris; au Dr Sepp Schlinder et au Dr Igor Caruso, respectivement professeur et professeur emeritus de psychologie de l'université de Salzbourg (Autriche); à R. D. Laing, de Londres; au Dr Michele Clements, du London Maternity Hospital; à Sheila Kitzinger, conseiller près l'England's National Childbirth Trust; au Dr Lewis Mehl, du Center for Research on Birth and Human Development, Berkeley (Californie); au Dr Stanislas Grof, de l'Esalen Institute, Big Sur (Californie); au Dr David Cheek, de San Francisco; au Dr Hans Graber, de Berne (Suisse); et à Sigrid Enausten, de l'institut Max-Planck de Munich (Allemagne).

Je tiens aussi à remercier mon amie Sandra Collier pour l'aide et les conseils judicieux qu'elle n'a cessé de m'apporter; mon conseiller littéraire, Jonathan Segal, pour sa supervision ferme et attentive; et ma secrétaire, Ann

Cohen, qui a transformé mes illisibles gribouillis en pages impeccablement dactylographiées. Tous les membres de mon équipe – Sandy Bogart, Geraldine Fogarty, Nick Stephens et Shelly Owen – ont apporté une précieuse collaboration à cette entreprise grâce à leurs suggestions ainsi qu'au matériel clinique qu'ils ont mis à ma disposition. J'ai une dette toute spéciale à l'égard de Michael Owen, qui m'a aidé dans mes recherches sur les liens entre la grossesse, la naissance et la personnalité; de Sheila Weller, pour son instinct littéraire jamais pris en défaut; de Natalie Rosen, qui a bien voulu me faire partager les richesses de sa bibliothèque et ses connaissances en obstétrique; et de Naomi Benett, pour ses idées et ses remarques aussi nombreuses que fécondes.

Enfin, j'aimerais profiter de cette occasion pour exprimer toute ma reconnaissance à mes patients qui m'ont fait assez confiance pour partager avec moi leurs sentiments les plus intimes. Si ce livre existe, c'est grâce à eux.

Thomas Verny, janvier 1981.

BIBLIOGRAPHIE

Suzanne ARMS, *Immaculate Deception*, Houghton Mifflin C°, Boston, 1975. Ce livre décrit les inconvénients de la naissance médicalisée, compare les méthodes d'accouchement des différents pays et présente de solides arguments en faveur de la naissance à domicile. Optique féministe.
Constance BEAN, *Methods of Childbirth*, Doubleday & C°, Garden City, N. Y., 1972. Excellent guide pour la future mère : choix de l'hôpital ou de la maternité, du médecin accoucheur, des préparations à l'accouchement, des médicaments, etc. Les mères y sont encouragées à se comporter en adultes et non en patientes.
Polly Berrien BERENDS, *Whole Child, Whole Person*, Harper & Row, New York, 1975. Recueil d'idées pour les parents, à la fois théorique et pratique. L'auteur suggère aux parents des activités qui stimuleront l'éveil de leur enfant.
T. Berry BRAZELTON, *Infants and Mothers*, Dell Publishing C°, New York, 1969. Traduit en français sous le titre : *Votre bébé est unique au monde*, Paris, Albin Michel, 1971. Les stades de développement de l'enfant.
Gail Sforza BREWER (éd.), *The Pregnancy after 30 Workbook*, Rodale Presse, Emmaus, Pa., 1978.
Gail Sforza BREWER and Tom BREWER, *What Every Pregnant Woman Should Know : The Truth About Diets*

and *Drugs in Pregnancy*, Penguin Books, New York, 1979.

Dorothy Corkille BRIGGS, *Your Child's Self-Esteem*, Doubleday, Dolphin Books, Garden City, N. Y., 1977. Traduit en français sous le titre : *Comment épanouir votre enfant*, Paris-Bruxelles, Elsevier Séquoia, 1976. Comment élever un enfant équilibré et confiant.

Valmai Howe ELKINS, *The Rights of the Pregnant Parents*, Waxwing Productions, Toronto; Two Continents, New York, 1976; nouvelle édition, 1980. L'accent est mis sur la surveillance pendant la grossesse et les meilleures possibilités d'accouchement. S'inscrit dans le cadre des droits des consommateurs.

Stanislas GROF, *Realms of the Human Unconscious*, E. P. Dutton, New York, 1976. Grof décrit dans cet ouvrage les résultats de vingt ans d'études pionnières sur les drogues et les médicaments. Les cas qu'il cite montrent comment l'esprit transcende les limites étroites du moi. Fortement recommandé à ceux qui s'intéressent particulièrement aux aspects plus spirituels et mystiques de la vie.

Sheila KITZINGER, *The Experience of Childbirth*, 3ᵉ édition, G. Nichols and Cᵒ, Grande-Bretagne, 1974. Traduit en français sous le titre : *Demain nous aurons un enfant : le temps de la grossesse et de l'accouchement dans la vie du couple*, Paris, le Centurion, 1975. L'auteur met l'accent sur l'harmonie du corps avec les sentiments et les émotions; il analyse également l'importance de la relaxation pelvienne pendant l'accouchement.

Marshall KLAUS et John KENNELL, *Maternal-Infant Bonding*, C. V. Mosby Cᵒ, Saint-Louis, 1976. L'ouvrage qui fait autorité sur l'attachement. Facile à lire tout en étant rigoureusement scientifique.

R. D. LAING, *The Facts of Life*, Pantheon Books, New York, 1976. Traduit en français sous le titre : *les Faits de la vie*, Paris, Stock, 1977. Livre brillant et déconcertant, mais qui stimule le lecteur.

Frédérick LEBOYER, *Pour une naissance sans violence*,

Paris, le Seuil, 1974. Le livre qui a déclenché la révolution dans l'obstétrique et amorcé l'essor des méthodes « douces », plus humaines, d'accouchement. Poétique et controversé.

Robert McCall, *Infants : The Knew Knowledge*, Harvard University Press, Cambridge, Mass., 1979. Un guide intelligent des premières années de l'enfant, très documenté et divertissant.

Ashley Montagu, *Touching : The Human Signifiance of the Skin*, Columbia University Press, 1971. Traduit en français sous le titre : *la Peau et le Toucher : un premier langage*, Paris, le Seuil, 1979. Un plaidoyer pour une réhabilitation du toucher.

Napsac, Chapel Hill, N. C. Plusieurs monographies peuvent être conseillées, dont : *Safe Alternatives in Chilbirth*, 1976; *21st Century Obstetrics Now*, vol. 1 et 2, 1977; *Compulsory Hospitalization/Freedom of Choice in Childbirth*, vol. 1, 2 et 3, 1979.

Bernard N. Nathanson, *Aborting America*, Doubleday & C°, Garden City, N. Y., 1979. L'ouvrage le plus complet disponible à ce jour. L'auteur est un obstétricien connu qui, malgré son opposition personnelle à l'avortement, examine honnêtement tous les arguments pour ou contre cette pratique. A lire obligatoirement par tous ceux qui sont concernés de près ou de loin par ce débat.

Elizabeth Noble, *Essential Exercices for the Childbearing Year*, Houghton, Mifflin C°, Boston, 1976. Guide simple et pratique de la grossesse et de la période suivant l'accouchement.

Joy D. Osofsky, *Handbook of Infant Development*, John Wiley & Sons, New York, 1979. Ce livre intéressera surtout les professionnels. Il comporte de nombreuses recherches cliniques et statistiques, mais est surtout une mine d'informations sur la psychologie du nourrisson traditionnelle.

Burton White, *The First Three Years of Life*, Prentice-Hall, Englewood Cliffs, N. J., 1978, Traduit en français sous le titre : *les Trois Premières Années de la vie*, Paris, Buchet-Chastel, 1978.

Outre les ouvrages indiqués ci-dessus, la bibliographie de ce livre, composée d'ouvrages et d'articles non traduits en français, peut être consultée in *The Secret Life of the Unborn Child*, New York, Summit Books, 1981.

D'autre part, on se reportera avec autant de plaisir que d'intérêt aux ouvrages suivants :

Les Cahiers du nouveau-né, « une publication qui se situe entre la revue (par la continuité de son projet, sa présentation sous forme d'articles) et la collection (car elle n'a pas la périodicité rigoureuse d'une revue) » :
- n° 1 et 2 : *Naître... et ensuite ?* Paris, Stock, 1978.
- n° 4 : *Corps de mère, corps d'enfant*, Paris, Stock, 1980.

Robert DEBRÉ, avec la collaboration d'Alice DOUMIC-GIRARD et Raymond MANDE, *l'Enfant dans sa famille*, Paris, Grasset, 1981.

Françoise DOLTO, *Lorsque l'enfant paraît*, Paris, le Seuil, 1977.

Frédérick LEBOYER, *Shantala – Un art traditionnel : le massage des enfants*, Paris, le Seuil, 1976. Un des modes d'accueil du nouveau-né.

P. MOZZICONACCI et ALICE DOUMIC-GIRARD, *Notre enfant*, Paris, Grasset, 1974.

Michel ODENT, *Bien naître*, Paris, le Seuil, 1976. Contre la naissance médicalisée : « On ne changera pas la vie sans changer d'abord la façon de naître. »

Laurence PERNOUD, *Il ne fait pas bon d'être mère par les temps qui courent*, Paris, Stock, 1981. Pour aider non seulement les mères, mais les pouvoirs publics à sortir de leur léthargie.

Bernard THIS, *Naître et sourire : les cris de la naissance*, Paris, Aubier-Montaigne, 1977. Alerte, ce livre célèbre les bienfaits d'un accueil aux nouveau-nés plus amical, supprimant les traumatismes post-natals.

Alfred Tomatis, *l'Oreille et la Vie*, Laffont, 1977.
Alfred Tomatis, *l'Oreille et le Langage*, Paris, le Seuil, 1978.
Alfred Tomatis, *la Nuit utérine*, Stock, 1981.
Varenka et Olivier Marc, *l'Enfant qui se fait naître*, Paris, Buchet-Chastel, 1981.
René Zazzo, éd., *le Colloque sur l'attachement*, Paris, Delachaux et Niestlé, 1979. Douze auteurs présentent et analysent le processus de l'attachement.

Journaux et périodiques
Les publications de la Fédération nationale des écoles de parents et d'éducateurs, 4, rue Brunel, 75 017 Paris, tél : 380-29-00, fournissent des renseignements précieux sur des thèmes précis. Elles comportent une revue mensuelle, *l'École des parents*, pour les parents et éducateurs ; une revue trimestrielle, *le Groupe familial*, destinée plus particulièrement aux éducateurs et aux travailleurs sociaux ; et des brochures diverses.

Émissions de radio et de télévision
Si la télévision n'a pas encore songé à consacrer « Une minute » aux parents et limite sa production dans ce domaine à des émissions ponctuelles, il existe en revanche une émission régulière sur France-Culture, le mercredi, à 14 h 30 : « Éducateurs, qui êtes-vous ? »

Films
Les films de Frédérick Leboyer, *Naissance sans violence* et *Shantala*, sont en général présentés dans le cadre de la préparation à ce type d'accueil au nouveau-né. Ils sont distribués par la Sté Gaumont, Service 16 mm, 30, avenue Charles-de-Gaulle, 92 200 Neuilly. Tél. : 738-20-00.

Heureux comme un bébé dans l'eau est un reportage sur la naissance sans violence, réalisé par Marc-Henri et Alexandre Wajnberg.

Entre mères et enfants, réalisé par Michel Soulé,

Myriam David et Geneviève Appell, illustre la formation de l'attachement.

Quelques adresses utiles...
Clinique des Lilas, 14, rue du Coq-Français, 93 260 Les Lilas, tél. : 360-02-65.
Maternité de l'Hôpital de Pithiviers, 45 300 Pithiviers (service du Dr Michel Odent, où se pratique notamment l'accouchement accroupi), tél. : (38) 30-10-49.
Mouvement pour la naissance sans violence, 32, rue de la Mouillère, 45 000 Orléans.
Quelques cours de yoga spécialisé pour les femmes enceintes : Ma Anand Gandha, maternité de Pithiviers; Christine Wlodarczak, maternité de Baudelocque, boulevard de Port-Royal, 75005 Paris, tél. : 237-74-78; clinique des Lilas. Voir aussi le livre de Frédérick Leboyer, *Cette lumière d'où vient l'enfant*, le Seuil, 1979.
Enfin, pour connaître le centre d'orthogénie du Mouvement français pour le Planning familial (20 en France) le plus proche de votre domicile, téléphonez à Paris au 260-98-60 ou au 260-93-20, ou écrivez au M.F.P.F., 94, boulevard Masséna, 9, Villa-d'Este, 75 013 Paris.

... et des numéros de téléphone :
SOS Couple, 539-37-37, de 12 h à 20 h, tous les jours, sauf le dimanche.
Inter-Service-Parents, 766-51-52, service gratuit de l'École des parents et des éducateurs. D'autres numéros existent en province (se renseigner auprès de l'École des parents 380-29-00.) Des psychologues, des juristes et des conseillères conjugales et familiales répondent à vos questions.
Grossesse secours, (76) 44-27-27. Cette association veut permettre à la femme enceinte en difficulté de mener sa grossesse à terme dans les meilleures conditions. Le siège social se trouve à Grenoble, mais d'autres sections fonctionnent à : Aix-en-Provence (42) 26-28-79; Amiens (20) 91-69-45; Bordeaux (56) 08-40-70; Chambéry (79) 33-65-59; Saint-Étienne (77) 33-11-87; Troyes (25) 43-62-75.

Table des matières

Avant-Propos 7
1. La vie mystérieuse de l'enfant avant la naissance 13
2. Le nouveau savoir 33
3. L'émergence du moi 57
4. L'attachement à la mère in utero 83
5. La naissance vécue 111
6. La formation du caractère 137
7. Pour une célébration de la maternité .. 151
8. Le lien vital 177
9. La première année 199
10. A la recherche des souvenirs perdus .. 223
11. La société et l'enfant avant la naissance 235
Remerciements 263
Bibliographie 265

*Achevé d'imprimer en avril 1985
sur presse CAMERON
dans les ateliers de la S.E.P.C.
à Saint-Amand-Montrond (Cher)
pour le compte des éditions Grasset
61, rue des Saints-Pères, 75006 Paris*

Imprimé en France
Première édition : dépôt légal : février 1982
Nouveau tirage : dépôt légal : avril 1985
N° d'Édition : 6686. N° d'Impression : 733.
ISBN 2-246-26981-4

(Édition originale : ISBN 0-671-25312-3
Summit Books, New York)